LOUIS GUIBERT

LES

TOURS DE CHALUCET

———— ◄►► ————

LIMOGES

IMPRIMERIE ET LIBRAIRIE LIMOUSINE

V. H. DUCOURTIEUX

Libraire de la Société archéologique et historique du Limousin

7, RUE DES ARÈNES, 7

1887

LES TOURS DE CHALUCET

LOUIS GUIBERT

LES

TOURS DE CHALUCET

LIMOGES

IMPRIMERIE ET LIBRAIRIE LIMOUSINE

Vᵉ H. DUCOURTIEUX

Libraire de la Société archéologique et historique du Limousin

7, RUE DES ARÈNES, 7

1887

RUINES DE CHÂLUCET

VUE GÉNÉRALE

LES TOURS DE CHALUCET

Tout chemin, dit-on, mène à Rome. — Nous ne connaissons pas plus de deux chemins qui, du Vigen, conduisent à Châlucet. Le premier sera préféré par les voyageurs pressés, par les dames et par toutes les personnes que la nature n'a pas douées de bonnes jambes ou à qui la marâtre a enlevé l'usage de ces précieux auxiliaires de la santé, après les en avoir laissé plus ou moins longtemps jouir. Nous recommandons le second aux gens bien portants, aux vrais promeneurs, aux touristes, aux rêveurs, aux hommes qui ne mesurent pas leur temps et qui peuvent dépenser quelques heures à exercer leur corps pour le plus grand délassement de leur esprit.

Douze kilomètres, au témoignage des bornes plantées par le service des ponts et chaussées, séparent le Vigen de Limoges. L'étranger pressé ou la personne qui a ses raisons pour ne pas aimer la promenade, fera ce trajet en voiture, en suivant d'abord la route nationale n° 20, de Paris a Toulouse et à Barèges, puis la route départementale n° 2, de Limoges à Saint-Yrieix, bien abandonnée depuis l'ouverture des lignes de fer. Après avoir dépassé la petite église du Vigen, on devra prendre, à gauche, le chemin de grande communication n° 32, d'où se détache, sur la droite, une petite route récemment ouverte et conduisant au nouveau pont de la Briance, au pied même de la colline qui porte Châlucet. Pendant la durée de cette dernière partie du trajet, le voyageur aura tantôt à droite, tantôt en face de lui, les ruines imposantes des tours, qu'il pourra admirer sous leurs aspects les plus pittoresques et les plus variés.

Le touriste, lui, quittera la ville de bon matin. Il traversera la Vienne sur l'ancien pont Saint-Martial, longtemps l'unique avenue du vieux Limoges du côté sud. A quelques centaines de mètres du pont, il prendra le chemin de Solignac, et, au bout de

1

deux heures de la plus charmante promenade, il atteindra la profonde et gracieuse vallée où saint Éloi obtint de Dagobert la permission d'élever « un escalier qui les conduisît l'un et l'autre jusqu'au ciel ». Le promeneur qui nous a accepté pour guide, saluera le souvenir de notre illustre compatriote, qui fut un grand évêque, un grand ministre et l'artiste le plus renommé de son siècle. Il ne manquera pas de visiter la belle église abbatiale dont les intéressants vitraux laissent, en ce moment même, tomber leurs derniers fragments. Il jettera en passant un coup d'œil sur le monastère bénédictin, reconstruit au xviiᵉ siècle, et dont les cellules ont vu, penchés sur leur laborieuse et patriotique tâche, Dom Estiennot, Dom Colomb, Dom Rivet, Dom Col. Ces beaux bâtiments, devenus, après la Révolution, un pensionnat tenu par d'anciennes religieuses de Fontevrault, servent aujourd'hui de fabrique de porcelaines. De Solignac, on gagne le Vigen en moins d'un quart d'heure. Notre touriste passera fièrement devant le poteau indicateur du chemin nᵒ 32, et poursuivant sa droite route, traversera la Briance sur le pont de pierres (1) qui, depuis une dizaine d'années, a remplacé l'ancien pont suspendu, jadis objet de la complaisante admiration des gens de l'endroit. Quelques pas plus loin, il trouvera sur la gauche un petit chemin ombreux, inégal, rapide, qui s'enfonce sous une voûte de feuillage, descend par une pente rapide jusqu'à un premier ruisseau (dont le lit renferme d'ordinaire beaucoup moins d'eau que de cailloux), remonte aussitôt pour redescendre un peu plus loin, glisse le long des murs de clôture des prairies, frôle les haies, tantôt enjambe, tantôt contourne les replis du sol, et se perd bientôt derrière les arbres et les accidents de terrain.

Si l'on s'engage dans ce chemin, on arrivera, après vingt minutes d'une marche laborieuse, à un ruisselet dont l'eau filtre lentement, avec un bruit clair, entre deux morceaux de rocher usés; on le traversera sans être obligé d'allonger le pas. On prendra alors un étroit sentier suspendu au flanc de la colline; sur le versant poussent ça et là, dans un terrain maigre et sablonneux, quelques malingres châtaigniers. Une centaine de pas plus loin, ce sentier joint le ravin au fond duquel coule la Briance et fait brusquement un coude pour remonter la rivière. A ce moment, au milieu du plus pittoresque paysage, entre le rocher bleuâtre, semé de mousses et de bruyères, qui borne la vue à

---

(1) Les restes d'un vieux pont de pierres émergent encore de l'eau à quelques mètres en aval. Ce pont est mentionné dans plusieurs titres des xiiiᵉ et xivᵉ siècles.

droite, et les prairies verdoyantes qui, sur la gauche, descendent
en pente douce jusqu'au bord de l'eau, le voyageur apercevra
tout à coup en face de lui et s'élevant au-dessus des plus hautes
branches des arbres, la silhouette décharnée et les tours grises
d'une vieille forteresse. C'est tout ce que le temps et la main des
hommes ont laissé de Châlucet (1).

ÉTAT ACTUEL DES RUINES ET DESCRIPTION DE CHALUCET.

Il ne faut pas se laisser rebuter par la difficulté du chemin :
la fatigue des jambes doit ici payer le plaisir des yeux. La nature
si pittoresque de nos pays s'offre aux regards sous les aspects les
plus divers. Le sentier descend maintenant vers la rivière : la pente
est rapide ; le granit se montre à fleur de terre ; à certains endroits
il a fallu y pratiquer des degrés. A droite, on touche pour ainsi
dire du coude le flanc escarpé de la colline ; à gauche, à trente ou
quarante mètres au-dessous du chemin, murmure la Briance,
qui promène ses eaux sur un lit de fin gravier. L'œil erre avec
complaisance et se repose successivement sur les champs couverts
de moissons robustes, encadrés de buissons, d'arbres et de murs
bas où s'ouvrent de larges brèches, sur les prés dont mille fleurs
piquent d'étoiles d'un ton vif la douce et calme verdure, sur les
villas dont les blanches façades et les toits rouges ou bleus
égaient le paysage. Derrière le voyageur, les châtaigneraies forment un épais rideau cachant la campagne qu'il vient de par-
courir ; devant lui des peupliers grêles, profilant sur le ciel leurs
rameaux droits et leur feuillage menu ; des ondulations de terrain revêtues de mousses, de ronces, de fougères, d'arbustes à
profil tourmenté ; un peu plus loin la masse imposante de la forteresse en ruines.

On est arrivé tout au bord de la rivière ; le chemin est affreusement défoncé, et en si mauvais état que, huit jours après une
pluie, il reste impraticable. Les racines de quelques arbres, pro-

(1) Nous écrivons *Châlucet,* parce que, dans les plus anciens docu-
ments qui mentionnent ce château, on lit presque toujours *Chaslucetum,
Castrum Luceti, Castrum Lucii,* — très rarement *Chaslussetum* ou
Chalusset.

fondément enfoncées dans le sol, soutiennent seules ce qui reste
de la chaussée ; quelque jour d'inondation, tout descendra dans la
rivière. Un peu plus loin, il faut, pour ne pas s'embourber, fran-
chir un buisson à l'aide d'une de ces fourches de bois appuyées à
une haie, si communes dans nos campagnes, et prendre par les
prés, où le pied n'est pas toujours très assuré. Bientôt on trouve
la Ligoure, avec un vieux pont (1) dont le tablier, à demi pourri,
est attaché par une chaîne de fer à une pile de maçonnerie chancelante et lézardée, — si chancelante et si lézardée qu'on se demande
si l'on a compté sur le tablier pour retenir la pile ou sur la pile
pour arrêter la chute du tablier.

Quelques pas encore et on arrive en face des tours, étagées
sur une colline escarpée que baignent d'un côté la Ligoure, de
l'autre la Briance. Les deux rivières, la première surtout, sont
profondément encaissées et ne doivent pas être regardées comme
une des moindres fortifications naturelles qui rendaient Châlucet
presque imprenable avant l'usage du canon ; elles unissent leurs
eaux un peu plus bas, au sommet du triangle très allongé dont
le fossé pratiqué en arrière du château forme la base. Ce promontoire est situé sur le territoire de la commune de Saint-Jean-
Ligoure et non de celle de Boisseuil comme on le lit dans un
trop grand nombre d'ouvrages ; mais il appartient à la paroisse
du Vigen.

A la pente très douce du chemin succède tout à coup un ressaut
de terrain ; puis on commence à gravir une rampe assez rapide,
qui franchit, sur la droite, un amas de débris, entre deux murs en
ruines ; on se trouve ici au milieu d'un premier groupe de constructions tout à fait indépendant de la forteresse. La plupart de
ces bâtisses ont sans doute servi d'habitation tant aux familles des

(1) Ce pont se trouvait sur un chemin appelé le « Chemin du Capitaine »,
qui venait, à ce qu'on prétend, du Pont-Rompu et se dirigeait vers
Château-Chervix. Nous ne croyons pas qu'une voie importante ait jamais
passé très près de Châlucet ; mais le château était placé, comme aujour-
d'hui, entre la route de Saint-Yrieix et celle de Pierrebuffière, à moins
de deux mille mètres, à vol d'oiseau, de l'une et de l'autre. — Nos anciens
manuscrits renferment, à partir du XIIIe siècle, de fréquentes mentions du
chemin de Limoges à Châlucet — *iter Castri Luceti* — qui passait, comme
la route actuelle, à Saint-Lazare et sous Crochat. Un acte de 1245
(liasse 3918 des Archives de la Haute-Vienne) mentionne les chemins qui
conduisent de la Croix de Lobéac à Châlucet et à Solignac, — *Vias
publicas per quas itur de Cruce de Lobeac apud Chalucetum et apud
Sollempniacum.*

tenanciers des Jaunhac et des Périgord qu'aux gens qui, à diverses époques, sont venus se mettre sous la protection du château.
Mais tous les murs dont on aperçoit des vestiges ne semblent pas
avoir appartenu à des maisons : évidemment certains d'entre
eux ont été élevés pour défendre l'approche de la place. Quoiqu'il
en soit, ces bâtiments et les chaumières qui s'étaient construites
au pied de la colline, presque au bord de l'eau, formaient la
« ville » ou bourg de Châlucet, mentionnée par un certain nombre de documents du xiiiᵉ au xvᵉ siècles (1). Un très ancien moulin en dépendait. On aperçoit encore les ruines de son barrage
au pied des tours.

Une grande tour carrée de huit mètres environ de côté, construite en pierres plates de moyennes dimensions, et à larges contreforts plats sur chaque face, se dresse à peu de distance, assise sur
le roc vif et solidement plantée sur l'échine même du promontoire. Du côté de l'arrivée, elle présente, à trois mètres et demi
environ du sol, à gauche du contrefort, une ouverture à plein
cintre, qui devait servir d'entrée. On y accédait par une échelle
qu'on retirait ensuite, comme cela se pratiquait dans beaucoup de
châteaux. Sur les autres faces, on n'aperçoit qu'un petit nombre
de meurtrières. Par derrière, une archère surveille et commande
le chemin, dans la direction de la forteresse. Détail assez curieux :
les encoignures de la tour ne sont garnies de pierres de taille
qu'à partir d'une certaine hauteur, et les arêtes des assises supé-
rieures, comme celles des assises inférieures, sont constituées
par des matériaux analogues à ceux du reste de la maçonnerie. On
comprend que, pour économiser la pierre de taille, les constructeurs
ne l'aient pas employée dans la partie basse de l'édifice, qui se
trouvait garantie des projectiles ou de la sape par les bâtiments avoi-

(1) *In territorio ville de Chalusset* (Arch. Haute-Vienne, l. 5788) ; *in
toto castro predicto seu villa ejusdem et in barriis et pertinenciis castri
et ville* (Appendice ci-après, pièce 10) ;.... *dans le chastel, dix hommes
d'armes et deux dans la ville d'illeuc* (*Mandements de Charles V*, nᵒ 619).
Si le mot de *villa* a été, pendant la première partie du moyen âge,
employé pour désigner un centre d'exploitation rurale, il a eu, plus tard,
exactement le sens de « bourg ». C'est ainsi que l'agglomération de
maisons existant sur le bord de la Vienne, auprès du plus ancien des
ponts connus de Limoges, était appelée, depuis un temps immémorial,
« ville du pont Saint-Martial. »—*Villa pontis Sancti Martialis.*— Le sens
que nous indiquons est précisé dans un grand nombre de pièces : *decima
ville et parrochie de Sussac,— villa et parrochia de Esgallo,— in burgo
seu villa et parrochia de Aurelio.* (Arch. Haute-Vienne, fonds de Solignac et d'Aureil.)

sinants; mais il est plus difficile de trouver l'explication de cette économie en ce qui a trait à la partie haute. L'anomalie que nous signalons ici, ne paraît pas provenir, au surplus, d'une réparation ou d'une réfection partielle. Tout le bâtiment offre le même appareil, indique les mêmes procédés, montre la même pierre de nature schisteuse, de même échantillon. Le couronnement de la tour est tombé. L'intérieur ne présente rien d'intéressant.

Autour de ce premier donjon s'élevaient des constructions dont on observe encore les restes, mais dont on ne saurait préciser ni l'usage ni les dispositions. Il semble toutefois qu'à côté de la tour dont nous venons de parler et séparée d'elle par le chemin, se trouvait une tour ou redoute, carrée aussi. Cet ensemble de bâtiments formait le *Bas Château de Châlucet*, — *Castrum inferius* (1) — auquel appartenaient trois ou quatre constructions placées sur le bord du chemin, à moitié suspendues sur le ravin, et dont le pied heurte les décombres ou les murs à fleur de terre, quand on continue à avancer dans la direction du château haut. Ces dépendances ne s'étendent pas à moins d'une cinquantaine de mètres de ce côté. Nous ne retrouvons pas de traces bien précises d'une enceinte ; il est à peu près certain toutefois qu'il en a existé une.

Le bas château devait avoir plus d'importance que n'en annonce l'aspect presque mesquin de ses débris; car nombre de documents, dont nous aurons l'occasion de citer des extraits, nous le montrent habité aux xiiie et xive siècles par plusieurs chevaliers avec leurs familles et leurs serviteurs, et pourvu de toutes les dépendances nécessaires, même d'une chapelle. Peut-être, en avant du bas château et le séparant du village, existait-il une porte fortifiée, qu'un testament daté de 1330 désigne sous le nom de *Porte Neuve*. On n'en retrouve du reste nul vestige, et ce premier groupe de constructions ne présente aucune pierre sculptée, aucun détail remarquable d'architecture.

La tour du Bas Châlucet ne saurait être postérieure au xiie siècle. On la désigne dans le pays sous le nom de *tour Jeannette*. Les habitants des environs racontent qu'une jeune bergère y fut ren-

---

(1) C'est ici le lieu de remarquer quelle précision on trouve souvent dans le langage courant, et comme une expression passée en usage et sans conséquence à ce qu'il semble, conserve parfois le souvenir de faits dont la science a perdu toute notion. M. Allou et M. Mérimée, disaient « le château de Châlucet »; le peuple n'a jamais dit autrement que « les Tours ».

fermée par des brigands, qui la laissèrent mourir de faim. Le fait n'a rien que de vraisemblable et a pu se produire au moment où les routiers occupèrent la forteresse. Cependant nous serions tenté de voir tout simplement, dans ce nom de Jeannette, une réminiscence, ou plutôt une forme corrompue du nom des anciens possesseurs du château, les seigneurs de Jaunhac.

Le sentier qu'on a suivi jusque-là, et qui se maintient sur la crête du promontoire, se dirige vers le haut château, tantôt à découvert, sur des rochers et des décombres, tantôt à travers des fourrés et des broussailles au milieu desquels le touriste disparaît complètement. De temps à autre on est arrêté par un monticule formé de matériaux mêlés de terre ou par quelque énorme éclat de granit recouvert de lichen. A droite et à gauche, le voyageur entend rouler des pierres et voit fuir des lézards ou des serpents que son approche a dérangés de leur béate sieste. Il atteint enfin le premier ouvrage de défense de la forteresse, qu'une distance de trente-cinq mètres à peine sépare des derniers débris paraissant appartenir au groupe du bas château, mais qui n'est pas à moins de 80 mètres de la tour dont nous venons de parler.

Cette première enceinte était commandée en avant par un ouvrage en saillie, à contreforts plats, dont la construction offre beaucoup d'analogie avec celle de la tour Jeannette ; elle se continuait sur le versant de la colline qui regarde la Ligoure, et faisait le tour du château, tantôt ne présentant qu'une simple muraille percée de meurtrières, élevée sur une corniche de granit et au-dessous de laquelle la pente abrupte du rocher rendait à l'assaillant l'escalade presque impossible, tantôt renforcée de terrasses ou de galeries du haut desquelles les guetteurs et les combattants dominaient le ravin : plus ou moins haute, mais jamais assez élevée pour gêner le tir des archers ou des arbalétriers postés dans le bâtiment central, et qui pouvaient constamment apporter à la défense de ce premier boulevard un précieux concours. L'enceinte dont il s'agit se terminait, en arrière du château, par une grande terrasse au devant de laquelle on avait pratiqué une profonde coupure formant fossé. Le point où ce fossé rejoint le chemin de ronde du côté de la Briance, était défendu par une tour dont les traces sont fort apparentes. De là on suit, à travers les broussailles et les ronces, le tracé de ce mur extérieur, jusqu'à une sorte de corps de garde ou d'orillon placé en arrière d'un grand portail élevé du même côté. Ce portail, qui semble avoir été la principale entrée de l'enceinte extérieure, n'avait ni pont-levis ni herse : aucun ornement ne relève son aspect lourd et sa fruste maçonnerie. Son mur, très épais, se termine carrément du côté de la campagne et n'a conservé aucun vestige d'attaches; mais, à l'intérieur, on reconnaît les traces d'un petit toit qui garantissait, selon toute vraisemblance, le corps de garde dont nous venons de parler. Peut-être le mur extérieur, de ce côté, n'était-il pas très haut, et était-il garni d'une palissade, entre le portail et l'amortissement de la terrasse qui couronnait l'escarpe du grand fossé creusé au sud-ouest, côté de la Briance.

L'entrée principale du haut château de Châlucet, dont la majestueuse et solide façade, flanquée de deux tours rondes, était munie de meurtrières, de créneaux et d'une galerie en encorbellement, avec machicoulis, s'ouvrait sous un avant-corps peu saillant. Elle se trouvait protégée par une sorte de demi-lune : en arrière on avait construit une terrasse peu élevée, permettant, au cas où ce premier ouvrage aurait été emporté, d'arrêter les assaillants et de les empêcher de briser la herse. Au revêtement de cette demi-lune se rattachait un mur allant rejoindre l'enceinte extérieure et destiné, si l'ennemi forçait la tête de la première enceinte, à lui fermer l'accès du chemin de ronde, et à créer un obstacle de plus au devant de lui.

Si tous les ouvrages avancés étaient enlevés, et la terrasse bastionnée du sud-ouest qui commandait le chemin de ronde et l'enceinte extérieure, occupée par l'ennemi, l'assiégé se réfugiait dans la forteresse proprement dite, dont il fermait les portes. L'assaillant parvenait-il à forcer la herse qui défendait l'entrée,— et qui était cependant maintenue par de solides pierres de taille en saillie, encore à leur place, — et à pénétrer dans le château, il se trouvait d'abord dans une cour étroite, entourée de hautes murailles et où il ne devait s'engager qu'avec prudence. Les défenseurs du fort, du haut d'une galerie ménagée au-dessus de la porte, et par des fenêtres et meurtrières s'ouvrant à droite et à gauche, dans l'épaisseur des murs latéraux, faisaient pleuvoir sur lui des pierres, de l'huile bouillante, du plomb fondu ; en face, sur une sorte de terrasse élevée à l'extrémité de la cour intérieure, en avant du donjon, et dans une position fort avantageuse — le couloir allait en s'élargissant — d'autres tiraient sur lui presque à coup sûr. S'ils ne réussissaient pas à arrêter les progrès de l'adversaire, les hommes du château, après s'être défendus de cour en cour, de salle en salle, de porte en porte, se réfugiaient dans le grand donjon, où des provisions et des munitions avaient été accumulées à la première nouvelle de l'approche de l'ennemi, et où on pouvait tenir longtemps et attendre des secours ou obtenir du moins une capitulation honorable.

Outre la grande terrasse et le fossé dont nous avons déjà

Haut-Châlucet

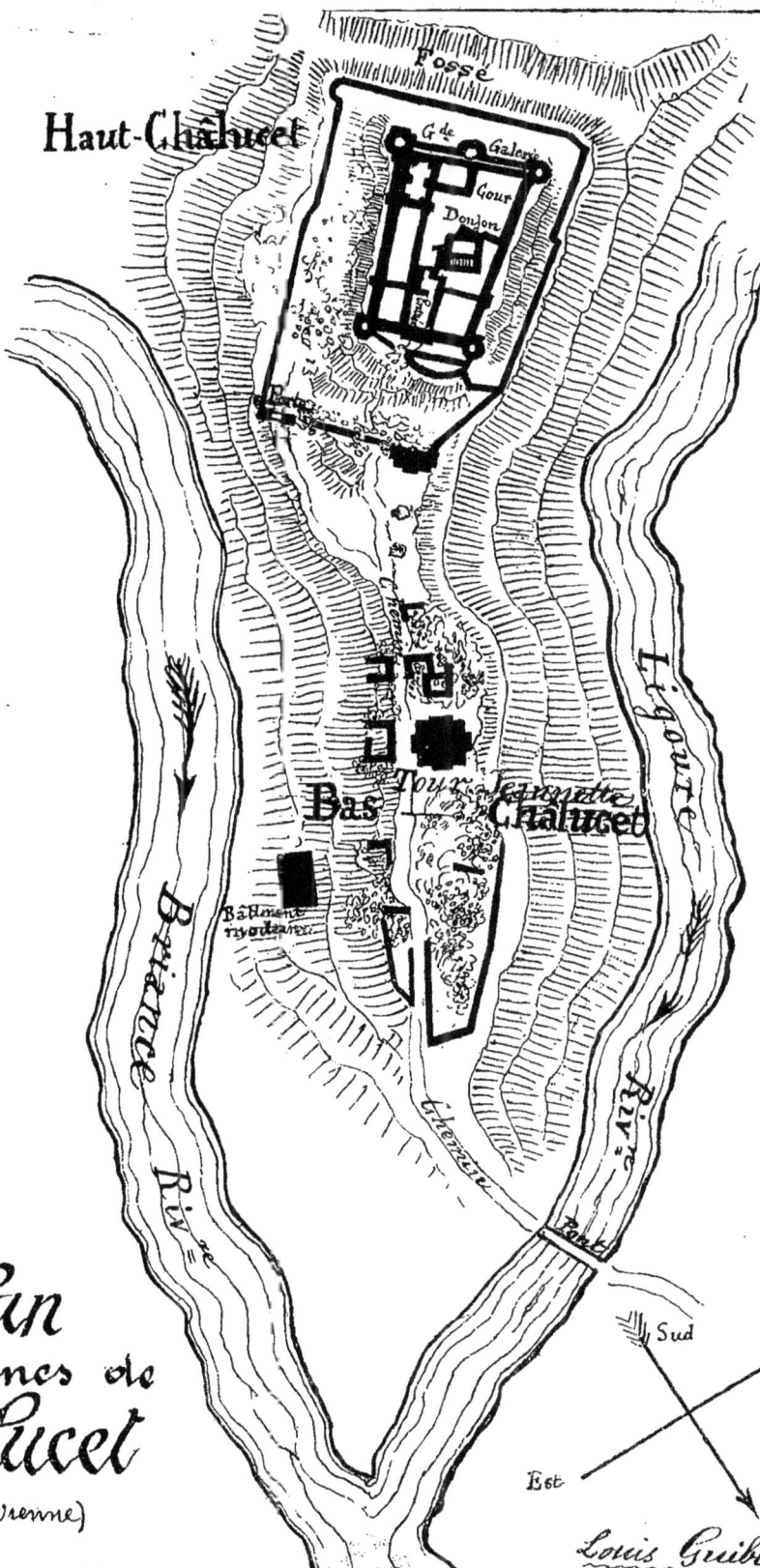

Fossé

G. de Galerie

Cour

Donjon

Chemin

Ligoure Riv.

Bas Châlucet

Tour Jeannette

Bâtiment moderne

Briance Riv.

Chemin

Pont

Sud

Ouest

Est

Nord

Plan des Ruines de Châlucet

(Haute-vienne)

Louis Guibert

parlé, trois tours rondes et une longue galerie pratiquée dans l'épaisseur du rempart et percée d'étroites meurtrières, défendaient les derrières du château. Ce côté, complétement dépourvu de fortifications naturelles, était regardé à juste titre comme le point le plus faible de la position ; aussi y avait-on multiplié les ouvrages de défense. — Au nord-ouest et au sud-est, les murs du château qui faisaient face à la Ligoure et à la Briance étaient munis de machicoulis, de meurtrières, et protégés par les tours rondes des angles. Pour faciliter les communications du fort avec la première enceinte, plusieurs puits ou fausses cheminées, dont on trouve des traces, avaient été ménagés dans l'épaisseur des remparts, et ouvraient sur le chemin de ronde. Ils servaient aussi à monter des provisions, des matériaux, des fardeaux de toute espèce ; quelques-uns étaient utilisés comme latrines.

Le château proprement dit a 70 mètres de long ; sa façade se développe sur une largeur de 27 mètres environ. La ligne formée par le rempart postérieur dépasse 43 mètres. Les courtines étaient hautes de 20 mètres et plus.

Outre son donjon, le Haut Châlucet était défendu par cinq tours rondes, dont on reconnaît la situation et dont le diamètre intérieur n'est guère de moins de 3 mètres. Quatre d'entr'elles sont placées aux angles du trapèze formé par l'ensemble des bâtiments de la forteresse ; à côté de chacune de ces tours se trouve un escalier pratiqué dans l'épaisseur du rempart et faisant communiquer entr'eux les divers étages des tours et des corps de logis auxquels elles étaient accolées. La cinquième s'élève au milieu de la galerie qui défendait la partie postérieure du château et qui, voûtée en berceau, avait 2 mètres 75 environ de hauteur sur 1 mètre 20 de large et plus de 40 mètres de long ; elle concourait, avec cette galerie et les deux tours qui la flanquent, à la défense du fort de ce côté. C'est dans ces tours, aujourd'hui comblées par les décombres, que la tradition place les oubliettes de la forteresse. Tout vieux château doit avoir ses oubliettes, et, s'il faut en croire certains récits, celles de Châlucet étaient particulièrement horribles : des vieillards racontaient, au commencement de ce siècle, qu'on pouvait encore voir, dans leur enfance, les piques qui garnissaient le fond d'une sorte de puits et sur lesquelles les malheureux précipités par les bandits, tombaient et se déchiraient affreusement. Il est fort croyable que piques et oubliettes n'ont jamais existé que dans l'imagination des bonnes gens des environs. Quoiqu'il en soit, les basses-fosses de Châlucet devaient être un triste séjour pour les pauvres prisonniers qu'on y jetait. Les ancêtres de beaucoup de bourgeois de Limoges ont dû en savoir quelque chose.

Au milieu du fort s'élève le donjon, qu'à l'intérieur un mur de
refend de 2 mètres d'épaisseur partage du haut en bas. Il n'offre
rien de remarquable si ce n'est, sur une de ses faces extérieures,
un contre-fort en angle très saillant que l'on a comparé avec
raison à l'éperon d'un navire. Tout porte à croire que cet
édifice est une des parties les plus anciennes du château. La
maçonnerie est plus soignée que celle de la Jeannette, et composée
de matériaux plus beaux ; mais l'appareil n'offre, contrairement à
ce qu'on a prétendu, aucune analogie avec l'appareil romain.
Non-seulement les encoignures de la tour, mais celles des contreforts, ne sont en pierres de taille qu'à partir d'une certaine hauteur : la partie basse se trouvant à l'abri des gros projectiles lan-
cés par les machines, à cause des constructions qui l'entouraient.
Il est difficile de faire remonter cet édifice au delà du xiie siècle.
C'est du reste, on va le voir, la date que nos chroniques assignent
à la première construction du château. A l'intérieur, on trouve les
vestiges d'un escalier de pierre à deux courses qui a été coupé, et
dont on ne peut plus faire usage. Il n'atteignait pas, du reste, le
haut de la tour; on accédait aux étages supérieurs par un escalier
à vis, pratiqué dans l'épaisseur du mur de refend (1). — Tous les
planchers sont tombés. Une voûte qui tient bon encore, couvre le
compartiment nord et supporte une partie de la plate-forme ; mais
le donjon a perdu son couronnement. On pénètre aujourd'hui
dans l'intérieur de cette tour en passant, non sans peine, au-dessus de deux voûtes presque effondrées. Il y a vingt ans, l'accès
en était plus facile. A l'extérieur du donjon, on remarque quelques
beaux machicoulis d'assez grandes dimensions. Leur présence, fort
rare, on le sait, dans les châteaux forts antérieurs au xiiie siècle,
pourrait faire contester la date que nous assignons à la tour, si
nous n'avions d'autres exemples de la même singularité dans notre
pays. Montbrun notamment nous offre, dans sa partie la plus
ancienne, — le donjon carré dont la construction remonte certainement au dernier tiers du xiie siècle, et qui ne paraît pas avoir subi
d'importantes réparations, — des machicoulis dont la galerie est
détruite, mais dont les corbeaux et une partie de la console
sont encore en place.

Au surplus, il n'est pas impossible que la tour Jeannette
soit plus ancienne que le donjon, et qu'elle marque l'emplacement

(1) Plusieurs personnes assurent être montées, à l'aide d'échelles et non
sans péril, jusqu'au sommet du donjon. Leurs récits confirment nos indications et signalent l'existence d'un petit escalier tournant dans l'épaisseur
de la muraille.

d'un premier château, bâti peut-être par les vicomtes de Limoges et sur lequel ils avaient conservé des droits.

La cour qui s'étend au pied du donjon a, de l'arête de l'éperon au rempart dans lequel est pratiqué la galerie de l'extrémité méridionale et qui, profondément miné, ne tardera pas sans doute à tomber, une longueur de 21 mètres ; sa largeur est d'environ 27. Elle communique, à l'est, avec un bâtiment rectangulaire à deux étages dont la pièce supérieure mesurant près de 16 mètres de long, très haute de voûte et ornée d'arcatures ogivales, a dû être la grande salle du manoir, l'appartement d'apparat et de cérémonie. Cette pièce paraît avoir été restaurée, ou même refaite au début du XIVᵉ siècle, peut-être au temps où les Sully ont possédé la forteresse.

Tout cela est ruiné, triste, nu, désolé, battu par les vents et la pluie. L'eau du ciel s'infiltre entre les pierres, et les déchausse peu à peu ; dans les crevasses gîtent des oiseaux de nuit et des reptiles de toute espèce. Le lierre éventre de tous côtés les murailles que sillonnent de profondes lézardes ; chaque jour y fait sa plaie et y laisse sa trace. Tous les bâtiments sont découverts et rien ne défend ces restes contre les injures de l'air et les intempéries des saisons (1). Des amas de matériaux couvrent le sol, exhaussé par les décombres. De temps en temps quelque bloc énorme de maçonnerie se détache tout d'un coup, roule avec fracas le long du flanc de la colline, brisant les malingres arbustes qui s'y sont accrochés, écrasant les fougères, bondit de roche en roche et va tomber dans la rivière.

Avec quelques larges cheminées dont les dimensions seules appellent les regards et qui n'ont même pas toutes gardé leur manteau, sept ou huit chapiteaux assez frustes sont les seuls restes de sculpture qu'offrent les ruines de Châlucet. L'un d'eux est orné d'une fleur de lis très reconnaissable, qui se détache entre deux masses ailées où l'imagination peut à son gré reconnaître des anges ou des chauves-souris ; un autre est formé de deux têtes fort barbares, de la bouche desquelles s'échappent des rinceaux terminés par des fleurons ; ces fleurons, juxtaposés, forment le centre du motif ; un troisième présente trois fruits ou fleurs, un peu lourds, mais groupés avec une certaine entente de l'effet ; sur un quatrième, au-dessous d'une console ornée de besants, se voyait un oiseau (2) en pal entre deux objets qu'il est aujourd'hui

---

(1) L'édifice a subi depuis cent ans des dégradations considérables : une notice manuscrite du dernier siècle, conservée aux archives de la Haute-Vienne, affirme que jusqu'à cette époque toutes les voûtes avaient tenu bon.

(2) L'oiseau n'est pas reconnaissable sur la principale face du chapiteau, mais il est très visible à droite et à gauche.

impossible de déterminer. Les autres n'offrent que des palmettes, des fleurons, des trèfles et des quintefeuilles, de courts et pesants feuillages. Rien de tout cela n'est antérieur au xiiie siècle, et quelques-uns de ces morceaux nous semblent beaucoup plus récents.

Nous n'essaierons pas de rechercher la destination spéciale de chacun des appartements du château. Cette étude serait fort difficile, et ses résultats très hasardés, vu la disposition des bâtiments, leur délabrement extrême, les changements qu'ils ont subis pendant la période la plus récente de leur histoire. Châlucet qui du reste, dès le principe, avait été avant tout une forteresse, ne fut guère, aux xive, xve et xvie siècles, qu'une caserne de soudards ou un repaire de brigands. — Les seules pièces dont on puisse, avec quelque certitude, préciser l'usage, sont la grande salle, dont nous avons parlé un peu plus haut, et la chapelle, dont on voit quelques arrachements au pied du donjon. Cette chapelle, qui appartient au xiiie ou xive siècles (1), avait sans doute remplacé la chapelle primitive dont il est fait mention à la date de 1147, dans une bulle adressée par le pape Eugène III au monastère de Solignac. Sous l'arcade qui tient au donjon, on observe encore quelques restes de peintures; on en retrouve dans diverses pièces, entre autres dans une chambre au nord-ouest.

D'après la tradition, il existerait, sous le château, des souterrains creusés dans le roc et allant aboutir à une des rivières qui coulent au bas de la colline, ou même ayant une issue de l'autre côté du ravin, dans la campagne. Il n'y a là rien d'absolument impossible; cependant, vu la dureté du rocher et les difficultés énormes qu'aurait offertes l'exécution d'un semblable travail, il est permis de croire que ces galeries n'ont été creusées que par l'imagination des paysans et des visiteurs. Nous n'avons pu, dans l'exploration complète à laquelle nous nous sommes livrés, retrouver aucune indication sur les souterrains de Châlucet, où personne n'a jamais pénétré (2). Ce qui a pu accréditer la tradition, c'est qu'on ne voit, sur la colline, ni

(1) Il ne faut pas oublier que notre architecture « retarde » sur celle des contrées voisines : il est aisé de s'y tromper.

(2) Au xviie siècle, on croyait déjà à l'existence d'un « conduit souterrain pour aller abreuver les chevaux »; mais le P. Bonaventure de Saint-Amable (*Histoire de Saint-Martial*, t. 1, p. 535) dit qu'au rapport d'un religieux Carme qui avait visité avec soin Châlucet, le prétendu orifice de ce souterrain était tout simplement une citerne.

puits ni fontaine, et qu'on a dû se demander comment la garnison
du fort pouvait, en cas de siège, s'approvisionner d'eau. Beaucoup
de châteaux anciens sont, à cet égard, dans les mêmes conditions,
et à Châlucet comme ailleurs, à défaut de l'eau de la rivière, les
hommes et les animaux se contentaient de l'eau de pluie recueil-
lie dans des citernes. Il est probable, du reste, que des sentiers
avaient été pratiqués dans le flanc abrupte de la colline pour per-
mettre aux assiégés de descendre la nuit jusqu'au ruisseau ; il
aurait fallu, pour les empêcher d'y arriver, que le blocus fût bien
étroit, et les postes établis en deçà des deux rivières, au pied de la
colline, eussent été singulièrement exposés.

Un lierre magnifique étendait autrefois son feuillage sur la
façade principale, qu'il revêtait presque entièrement. Quelques
visiteurs ont eu, il y a sept ou huit ans, l'imbécile fantaisie d'y mettre le feu. Sa verdure vigoureuse donnait un peu de ton et de vie à
ces débris dont elle adoucissait les lignes trop raides. Le squelette
desséché du lierre, avec ses bras morts accrochés à la vieille muraille grise, ajoute maintenant au spectacle des ruines une tris-
tesse de plus.

Tels qu'ils sont aujourd'hui, les restes de la forteresse de Châlucet peuvent être rangés au nombre des plus curieux échantillons
de l'architecture militaire du moyen âge qui subsistent en France :
nous avons visité un grand nombre de châteaux plus connus et
plus remarquables, sous certains rapports, que celui-ci ; nous n'a-
vons rencontré nulle part un système d'ouvrages extérieurs aussi
bien combiné et aussi complet. — « Je n'ai jamais vu, dit M. Mérimée dans son *Voyage en Auvergne*, de château du moyen âge
dans une situation plus avantageuse, aucun où l'art de l'ingénieur
eût déployé plus de ressources. »

LÉGENDES ET TRADITIONS. — CHALUCET SOUS LES BERNARD DE
JAUNHAC.

L'histoire de Châlucet est encore à faire. Elle ne pourra être
écrite que plus tard, après que le passé féodal de notre province
et certaines périodes de l'histoire générale elle-même seront
mieux connus. Nous allons chercher à en donner un aperçu,
sans dissimuler les lacunes que notre notice doit nécessairement
offrir.

Nos *Annales manuscrites* attribuent à la forteresse une respectable antiquité. S'il faut les en croire, un proconsul romain, le propre père de sainte Valérie, Léocadius, fit bâtir, entre les rivières de la Briance et de la Ligoure, à deux lieues de Limoges, « un fort beau chasteau qu'il nomma *Castel-Lucii*, du nom de son fils Lucillius, à présent nommé Chasluscet. » (1). Ce Lucilius mourut, d'après le même annaliste, à Déols, en revenant de Bourges. On ne le connaît pas autrement.

Il semble qu'il eût été plus rationnel d'appeler ce château *Castellum Lucilii*, puisqu'il était destiné, dans la pensée du fondateur, à perpétuer le souvenir de Lucilius. Mais l'annaliste, qui s'était vu obligé de remuer beaucoup de vieux parchemins, avait trouvé partout la forteresse désignée sous le nom de *Castrum Lucii, Castrolucium, Caslucium, Chaslucium, Chaslucetum, Castrum Luceti*, et pas plus que nous il n'avait découvert un seul document où il fût question d'un *Castrum* ou d'un *Castellum Lucilii*. Il corrigeait donc, tout en acceptant la tradition elle-même, la dénomination donnée par les récits traditionnels.

Le nom de Lucius, au surplus, n'est pas seulement fourni par des documents du moyen âge et des compilations d'Annales relativement récentes. Il a existé plusieurs chefs Gaulois du nom de Lucius ou Loucios, et tous les numismates savent qu'on possède un certain nombre de pièces de monnaie frappées par ou pour un chef Pétrocorien appelé Lucios ou Lucoios (2).

Auprès de cette indication précise que nous fournit une science destinée à suppléer souvent aux oublis ou aux lacunes de l'histoire, il pourrait y avoir place pour une hypothèse plus éloignée de la tradition : cette hypothèse se présente tout naturellement à l'esprit après la lecture de l'ouvrage d'une érudition un peu hardie peut-être, mais à coup sûr ingénieuse, de notre compatriote, M. Deloche, sur les Lémovices de l'Armorique (3). La plus importante des tribus qui formaient cette petite confédération, habitait, d'après le géographe de ce peuple retrouvé, une bande de territoire dont la Briance, depuis sa source jusqu'au confluent de la Ligoure, formait précisément la limite. La colline au sommet de laquelle se dressent les vieilles murailles de Châlucet se trouvait placée sur l'extrême frontière des Leukes, et il est fort possible que cette tribu, si elle a jamais existé, eût établi

(1) *Annales manuscrites de Limoges,* dites *Manuscrit de 1638.* — Limoges, Vᵉ H. Ducourtieux, 1873, p. 28.
(2) De Saulcy : *Revue numismatique ;* Hucher, *Art Gaulois,* etc.
(3) *Les Lémovices de l'Armorique,* Paris, Lahure, 1856.

un poste ou observatoire à l'endroit même où s'éleva plus tard
le château de Léocadius. Nous ne croyons pas qu'on ait rien à
redire à l'étymologie *Castrum Leukorum.*

Il faut confesser toutefois qu'on ne retrouve à Châlucet ni
traces de l'occupation gauloise, ni restes de constructions romai-
nes. Nous donnons donc notre hypothèse, comme la légende de
l'annaliste, pour ce qu'elle vaut. Rien ne répugne à ce qu'on
accorde à Châlucet soit une origine gauloise soit une origine
romaine. Une voie romaine ne passait pas loin de là, et bien que
le côteau fût absolument nu, la position était admirable. On a
trouvé quelques pièces impériales aux environs, et au mois de
janvier 1884, un ouvrier de M. Lachenaud découvrait, à Fougeras,
tout près du chemin dit du Capitaine, un modeste trésor composé
de monnaies des empereurs du IIIᵉ siècle et des tyrans Gaulois
et renfermé dans un vase de terre.—Nos chroniques, au surplus, ne
parlent pas une seule fois de Châlucet pendant la première
période du moyen âge. Si le château du proconsul a vraiment
été bâti, on peut admettre que les Wisigoths, les Vandales, les
Franks l'abattirent ou le livrèrent aux flammes, ou bien qu'il fut
ruiné durant les terribles guerres du VIIIᵉ siècle, entre Pépin et
Waïfre.

Le plus ancien texte qu'on puisse avec quelque vraisemblance,
rapporter à Châlucet, est un passage de la chronique de Geoffroi,
prieur de Vigeois, où il est dit qu'Itier Chabot, appelé aussi Itier
de Châlus, élevé au siége épiscopal de Limoges en 1052, « trans-
féra le château de *Chaslutz* du lieu appelé *Fraisenias,* ou *Frai-*
senjas, à l'endroit où on le voit aujourd'hui (1). » Le prélat,
ajoute le chroniqueur, était frère du seigneur de ce château.

Les noms de Chaslutz, Chasulus, Chaslas, donnés au château en
question par les différents manuscrits de la chronique, peuvent

(1) *Successit Iterius, qui castrum de Chaslas de loco vocato Fraise-*
nias ad locum ubi nunc cernitur permutasse narratur. Erat quippe
frater principis illius castri (LABBE, *Nova bibl. manuscript. libr.* t. II,
p. 284). Le manuscrit latin nº 5452, de la Bibliothèque nationale, donne
Chaslutz et *Fraissenges* (fol. 6, recto). Dans un manuscrit du XVIIᵉ siècle
des Archives de la Haute-Vienne, qui renferme la copie d'une portion de
la chronique de Geoffroi, d'après un cahier du F. Pardoux de La Garde,
religieux de Grandmont dans la seconde moitié du XVIᵉ siècle, et qui, comparé avec le texte édité par Labbe, offre de nombreuses variantes, on lit
Chasulus et *Fraiselinas vel Fraisenias.* Itier, dit l'auteur des *Annales,*
p. 141, « avoit fait édifier le chasteau de Chaslux Fraisanges ».

désigner également Châlus et Châlucet, et on trouve dans les
environs de l'un et de l'autre, plusieurs localités où il est permis
de reconnaître le Fraisenjas ou le Fressenges, dont parle le prieur de
Vigeois. Nous ne voyons, pour nous, aucune bonne raison qui
puisse faire appliquer cette note à Châlus, plutôt qu'à Châlucet.
Il y a là un petit problème sans doute insoluble.

Vers 1132 seulement, on trouve une mention se rapportant,
sans aucun doute possible, à Châlucet. C'est encore la chronique
de Vigeois qui nous la fournit. Un schisme des plus graves déchi-
rait alors l'église. L'antipape Pierre de Léon disputait le siège
épiscopal à Innocent III. Guillaume X, comte de Poitiers, s'était
ouvertement déclaré pour le premier; Eustorge, évêque de Limoges, ami du vicomte Adémar III, qui était alors en guerre avec
Guillaume, comptait parmi les plus zélés partisans du second.
Avec l'aide de Guillaume, Gérald d'Angoulême, légat de l'antipape, déposa Eustorge et le remplaça par Ramnulfe, abbé du
Dorat. L'évêque, contraint de quitter son siège et de fuir de la cité,
se retira d'abord dans le château de Limoges, auprès du vicomte,
puis au-delà de la Vienne, sur les terres de l'abbé de Solignac, qui
était alors Maurice. C'est là qu'avec l'aide de deux nobles de la
contrée, Arnaud Bernard et Bernard de Jaunhac, il aurait construit, pour s'y retirer en sûreté, le château de Châlucet (1).
Peut-être encore les vicomtes de Limoges possédaient-ils quelques
droits sur le promontoire qui s'étend au confluent de la Briance et
de la Ligoure. Peut-être même y avaient-ils déjà construit une
tour, celle du bas-château, sur laquelle nous les verrons, au
XIIIe siècle, émettre certaines prétentions et exercer réellement
une seigneurie. Les Pierrebuffière soutiendront aussi, à la même

(1) *Episcopus ultra Vigennam, in terra Ademari, demorabatur. Oderat
quippe Pictaviensis comes pontificem, eo quod Eustorgius favebat Ade-
maro : ea de causa multoties dux præsulem persecutus est, et ideo non
procul a Solemniaco construxit, una cum Arnaldo Bernardi et Bernardo de Javarnas, Eustorgius castrum quod vocatur Chaslucet, alias
Chaslasset* (Chron. Vosiense, ap. LABBE; Bibl. nov. man. librorum, t. II,
p. 301.) — *Eustorgius,... non erat ausus morari nisi in terra vicecomitis, et cum Arnaudo Bernardi et Bernardo de Jaunhas; edificavit
Chaslusset.* (Chroniques limousines, mss. lat. 5452 de la Bibliothèque
nationale, f. 52). Le manuscrit des Archives de la Haute-Vienne écrit :
Arnaldo Bernardi et Bernardo de Javernas; Bernard Gui, ap. LABBE :
Arnaldo Bernardi et Bernardo de Janiliaco; le P. Bonaventure de Saint-
Amable (*Annales du Limousin*) : *Arnaud, Bernard et Bernard de
Javarnas,*.

LE HAUT CHÂLUCET

VUE PRISE DU MOULIN SUR LA BRIANCE

poque, que Châlucet relève de leur châtellenie, comme Saint-Jean-Ligoure et Tranchelion (1).

Les deux chevaliers qui édifièrent ou aidèrent l'évêque à édifier la forteresse, appartenaient à la même famille. Peut-être étaient-ils frères; peut-être l'un d'eux était-il le neveu de l'autre. De vingt textes il ressort avec évidence que les Bernard et les Jaunhac ne sont qu'une seule et même lignée. En 1101, Bernard de Jaunhac est dit frère d'Aimeric Bernard et d'Arnaud Bernard; en 1233, Pierre Bernard, seigneur de Châlucet, est dit fils de feu Hugues de Jaunhac. Il serait facile de multiplier les preuves. Bernard semble être le véritable nom patronymique de la race; Jaunhac, celui d'un fief qui n'appartient plus dès lors à la branche qui nous occupe. Il s'agit probablement de Jourgnac, petit bourg du canton d'Aixe peu éloigné de Solignac. Peut-être toutefois la famille des premiers maîtres de Châlucet tire-t-elle son origine de Jaugnat, commune de Vitrac et Saint-Vincent, canton de Montembœuf (Charente).

Vers le milieu du xiᵉ siècle, l'existence de cette famille nous est pour la première fois révélée. Elle est alors fixée à Pierrebuffière où elle a sa tour, mentionnée à un acte de 1101 (2), et dont on la voit, au xiiiᵉ, tenir en fief la prévôté. En 1063, Gaucelin, Aimeric de Jaunhac, Almodis, femme de ce dernier; Pierre, Bernard, Étienne et Gui, leurs fils, et plusieurs membres de la famille de Monts, donnent à Solignac le monastère qu'ils ont commencé à édifier, aux pieds du château de Pierrebuffière, en l'honneur de la Sainte-Croix (3). A partir de cette époque, nombreuses sont les mentions de nos cartulaires et des documents de nos archives ayant trait à des Bernard de Jaunhac. On trouve cette famille alliée à toutes les vieilles races du pays : aux La Porcherie, aux Montcocu, aux Lastours, aux Laron, aux Tranchelion, aux Royère, aux Bernard de Bré, etc.

Ses possessions s'étendent sur le territoire des paroisses de Saint-Jean-Ligoure, Solignac, le Vigen, Boisseuil, Pierrebuffière, Saint-Hilaire-Bonneval, Eyjeaux, Saint-Bonnet-la-Rivière, Saint-Martin-le-Vieux, Jourgnac, Aixe. Saint-Priest-Ligoure, Saint-

---

(1) *Trenchaleo, Sanctus Johannes Ligora et Chalucet dicuntur esse de castellania de Petra Bufferia* (Bibl. nationale, coll. Gaignières, t. 186, p. 134.)

(2) ... *Aimericus vero et Arnaldus fecerunt hoc donum in turre sua.* (Arch. Haute-Vienne. *Cartul.* d'Aureil, fol. 13 vᵒ).

(3) Arch. Haute-Vienne, fonds de Solignac, liasse 3534.

Vitte, Glanges, Saint-Germain-les-Belles, La Porcherie, Meuzac, Masseret, Benayes. Elle a aussi des terres ou des rentes du côté de La Jouchère. Une branche de la famille s'est établie non loin d'Eymoutiers. Les Bernard, dont l'un a épousé, à la fin du xre siècle, Aiba, sœur d'Adémar, abbé de Saint-Martial, possèdent même vers cette époque un jardin dans les Combes de Limoges, auprès du bourg qui deviendra la ville du Château.

A tous les monastères de la contrée, les Bernard de Jaunhac donnèrent des religieux, des prieurs, des abbés ; à tous ils firent des libéralités importantes : Solignac surtout les compta parmi ses principaux bienfaiteurs. Malgré bien des dissentiments, bien des querelles, la forteresse bâtie par les compagnons d'Eustorge et le grand monastère dont saint Eloi avait été le fondateur, étaient unis par des liens d'affection séculaire. On voit les seigneurs de Châlucet intervenir dans un grand nombre d'actes concernant l'abbaye, lui servir de garants et de cautions dans les circonstances solennelles. Après leur mort, c'est dans l'église de Solignac et sous le porche qu'ils reposent en attendant le grand réveil (1). Auprès d'eux leurs chevaliers, les Périgord, les Frachet, les De Monts, les La Brosse ont leur sépulture (2).

Nous ne possédons aucun détail certain sur la vie des deux fondateurs de Châlucet. L'un d'eux est vraisemblablement le Bernard de Jaunhac que le cartulaire d'Aureil nous représente comme se préparant à suivre, avec son frère Gérald, le roi Louis VII à la croisade. En revint-il ? Nous ne saurions le dire. Entre 1143 et 1147, des lettres de Pierre, archevêque de Bourges, à l'évêque de Limoges, Gérald-Hector du Cher, signalent V. de Jaunhac parmi les chevaliers qui ont usurpé les possessions de l'abbaye de Solignac et maltraité les religieux (3). Le métropolitain ordonne que l'interdit soit lancé sur les terres du seigneur. Peu après, il prescrit à son suffragant de défendre la célébration du service divin dans la chapelle de Châlucet, au sujet de laquelle il s'était élevé un différent entre V. de Jaunhac et l'abbé. Il s'agit sans doute de l'ancienne chapelle épiscopale, qui avait échappé jusqu'ici à la supériorité ecclésiastique du chef du monastère et sur laquelle celui-ci revendiquait ses droits. En 1147, une bulle d'Eugène III mentionne cette chapelle au nombre des lieux con-

(1) Bibliothèque nationale, manuscrit latin 9193, copie du nécrologe de Solignac, 405, 53, 88, 89, 102, 120, 139, 141, 142. 143, 144, 157. 216, 243, 244, 257, 258, etc.
(2) Ibid., 86, 166, 167, 264, 266, etc.
(3) Arch. Haute-Vienne : Solignac 9172.

sacrés au culte qui relèvent de l'abbaye (1). Quelques années plus tard et certainement avant 1153, le roi Louis VII est obligé d'intervenir lui-même pour réprimer de nouveaux excès commis au préjudice du monastère par Hugues de Jaunhac, Pierre Bernard et Hugues de Lastours (2). Peut-être un des deux premiers est-il à ce moment seigneur de Châlucet.

Plus d'un demi-siècle s'écoule sans que nous rencontrions une seule fois dans nos chroniques le nom du château fondé par Arnaud Bernard et Bernard de Jaunhac. Peut-être fut-il occupé par les routiers et les Brabançons de l'armée de Richard Cœur-de-Lion, au cours des guerres qui désolèrent la contrée, à l'époque de la mort de ce prince, frappé, comme on sait, d'une flèche sous les murs de Châlus, et mort le 6 avril 1199. L'évêque de Limoges et les seigneurs du pays dévoués à Philippe-Auguste donnèrent la chasse à ces bandes de pillards et finirent par en délivrer le pays. On lit dans une chronique qu'en 1204, l'abbé de Saint-Martial, Hugues de Brosse, tomba aux mains de la garnison de Châlucet (3). La forteresse était peut-être encore aux mains des Brabançons? Quoïqu'il en soit, après la défaite de Jean Sans-Terre à La Roche-aux-Moines et la glorieuse journée de Bouvines, le vicomte de Limoges, à la tête des seigneurs du parti français, chassa ce qui restait de garnisons anglaises dans le pays. Dans la seule année 1216, Royère fut enlevé, La Porcherie détruit, Aixe repris et Châlucet dut se rendre (4). Peu d'années après, au cours d'une nouvelle guerre dont nous ne connaissons ni l'origine, ni les péripéties, la forteresse fut de nouveau attaquée et emportée (5). Fut-elle rendue à ses seigneurs légitimes? Il est permis de le penser. — En 1223, deux chevaliers du Château, A. de Jaunhac et Gui de Périgord, prennent, vis-à-vis des con-

(1) *Ecclesiam Sancti Eligii de Vicano, ecclesiam Sancti Hylarii de Bonavalle, cum capella de Caslucceth* (Recueil de copies de D. Estiennot, aux Arch. de la Haute-Vienne, p. 146.

(2) *L. Dei gracia, Rex Francorum et Dux Aquitanorum... Hugoni de Jaunaico, et Petro Bernardi, et Hugoni de Turribus ... Mandamus atque precipimus... vobis de Jaunaico, ut universa dampna que Solempniacensi ecclesie intulistis, competenti racione reparetis.* (Arch. Haute-Vienne : Solignac, liasse 4598).

(3) *Hugo abbas .,. iterum capitur a Chaslucet.* (Chron. de St-Martial, ap. Duplès Agier, p. 69.)

(4) *Anno Mº CCº XVIº..... La Porcharia diruitur, Roieira capitur: Chalusset Guidoni vicecomiti redderunt.* (Bibl. nat., manuscrit lat. 5452).

(5) *Chaslucet capitur.* (Chron. de St-Martial, ap. Duplès-Agier, p. 110).

suls de Limoges, l'engagement de garder les chemins et de protéger les hommes de la commune allants et venants ainsi que leurs biens (1).

Un acte, reproduit par le Cartulaire de la maison Grandmontaine du Châtenet, donne le titre de seigneur de Châlucet à Hugues de Jaunhac, à la date du jeudi après Pâques de l'an 1211. Deux ans plus tard, un autre document, qui nous est fourni par le recueil dont il s'agit donne le même titre à Aymeric Bernard et à P. de Jaunhac, « fils de feu Hugues de Jaunhac »(2). En 1218, Aimeric et Hugues de Jaunhac, frères, paraissent être devenus les maîtres de la forteresse (3). Pierre Bernard, fils du second, est dit, en 1232, chevalier de Châlucet, et, en 1233, seigneur de ce lieu (4).

Le document de 1232, auquel nous avons emprunté une de ces indications, nomme Guillaume Metge, bailli de Pierre Bernard, et P. Laforêt, prêtre de Châlucet. Il y avait donc dès lors, sur cette colline pierreuse qui s'allonge en promontoire au confluent de la Ligoure et de la Briance, non-seulement une chapelle, mais un prêtre attaché à son service. Il résulte d'un testament de 1264, qu'à cette époque, il n'existait pas moins de deux chapelles à Châlucet, l'une dans le château haut, l'autre dans le château bas (5); un autre testament, postérieur de soixante-six ans au premier, atteste qu'en 1330 (6), une de ces chapelles était placée sous l'invocation de saint Thomas, probablement de saint Thomas d'Aquin, canonisé en 1323. Ce serait sans doute le premier sanctuaire élevé à l'honneur de ce saint dans la province; mais les liens qui unissaient l'une des familles de Châlucet à un membre notable de l'ordre de Saint-Dominique, Gérald de Frachet, expliqueraient cette curieuse particularité.

Diverses pièces établissent qu'aux xiii° et xiv° siècles, il existait à Châlucet un centre d'habitation de quelque importance. Outre les deux châteaux et les maisons comprises dans leur enceinte,

---

(1) Ancien registre du Consulat, à l'Hôtel-de-Ville, fol. 24 v°.

(2) *Hugo de Jauniac, dominus de Castro Luceto .... Aimericus Bernardi et P. de Jauniac, domini de Chaslucet..... cum bone memorie dominus Hugo de Jauniac, pater noster, quondam dedisset*, etc. (Cartulaire du Châtenet, aux Archives de la Hte-Vienne).

(3) Archives Hte-Vienne, D 777.

(4) *Ibid.*

(5) Testament de Gui de Périgord. (Arch. Hte-Vienne, fonds de Solignac, liasse 6568.)

(6) Testament d'Elie de Frachet. (*Ibid.*, Solignac, liasses non invent.)

où demeuraient, avec un certain nombre d'écuyers et de domestiques des deux sexes, les Bernard de Jaunhac, les de Monts, les Frachet, les Périgord, il y avait là des cabanes de tenanciers, de cultivateurs, de vignerons. Aujourd'hui, l'aride rocher a recouvré sa tranquillité première, et n'a plus un seul habitant.

En 1258, Pierre Bernard est seigneur du haut château de Châlucet (1). Y a-t-il identié entre ce Pierre Bernard et le seigneur de Châlucet du même nom, fils de Hugues de Jaunhac, et qui, en 1237, a deux frères, Bernard et Guillaume? Nous le croyons, sans pouvoir l'affirmer. Pierre Bernard et son neveu, Hugues de Jaunhac, reconnaissent solennellement, le 26 octobre 1260, en présence de l'évêque de Limoges et du sénéchal du Roi de France en Périgord, Limousin et Querci, qu'ils tiennent à foi et hommage de l'abbé de Solignac et du monastère, le château haut ou repaire de Châlucet, avec ses dépendances et les mas de la Ville, de La Bosonie, du Puy, des Maisons, de Ligoure, de La Peyre, du Monteil, de La Faurie, dans la paroisse du Vigen, la dîme du mas supérieur de Loubet et toutes leurs possessions dans la même paroisse, ainsi que plusieurs mas dans la paroisse de La Porcherie, mais non le fort de cette localité. Ils déclarent que leurs auteurs ont, comme eux, possédé la forteresse de Châlucet à titre de fief mouvant du monastère, et s'engagent à ne jamais avouer d'autre maître et à ne consentir à aucun arrangement, à aucune aliénation au préjudice des droits des religieux. Ceux-ci, de leur côté, s'obligent, par serment, à conserver à Pierre Bernard et à Hugues de Jaunhac, la possession tranquille de leur fief, et à ne les placer, sans leur aveu, sous la dépendance d'aucun autre seigneur que le monastère (2).

Quel était le but de ces solennelles déclarations. S'agissait-il de constater que Châlucet était du domaine de l'abbaye de Solignac, et, comme tel, se trouvait exclus de la cession faite par Saint-Louis à Henri III d'Angleterre, d'une portion du territoire des trois diocèses de Limoges, Périgueux et Cahors? Ou bien cet acte était-il une sorte de préliminaire de la vente de la forteresse? On serait tenté d'admettre la seconde de ces hypothèses quand on voit les Jaunhac régler, entre 1260 et 1266, diverses affaires dans les environs immédiats de Châlucet et céder plusieurs droits tant au monastère de Solignac, qu'à des seigneurs voisins.

(1) *P. Bernardi, miles, dominus Castri Lucii superioris.* (Arch. Haute-Vienne, liasse 6568).

(2) Arch. Hte-Vienne, Solignac, 6037.

Quant au château bas, il n'en est pas question. Le vicomte semble, dès cette époque, y avoir joui de certains droits, sur la nature et l'étendue desquels nous n'avons pas de notion précise. La moitié du Bas-Châlucet appartient à un chevalier, Gui de Périgord, qui l'habite et qui se dit, dans son testament, fait en 1264, neveu de Pierre Bernard, seigneur du Haut-Châlucet. D'autres nobles y vivent et possèdent des droits sur cette partie de la colline : on peut citer Pierre de Frachet et Pierre de Monts.

En 1260, la guerre éclata entre le vicomte Gui VI et les bourgeois du château de Limoges. Gui VI, ou après sa mort, survenue en 1263, sa veuve, Marguerite de Bourgogne, remit garnison dans Châlucet. De ce fort écarté, ses soldats tenaient la campagne, enlevant les bestiaux, détroussant les marchands, bloquant les bourgeois. L'évêque Aymeric de La Serre, dont le clergé avait fort à souffrir de ces brigandages, et auprès duquel, sans doute, les seigneurs de Châlucet avaient porté leurs plaintes comme au témoin et au garant des engagements réciproques, pris, en 1260, par eux et par l'abbaye de Solignac, tenta de s'interposer ; il ne put réussir à obtenir une trève. Le prélat eut alors recours au moyen qu'avaient employé ses prédécesseurs contre les routiers de Richard et de Jean-Sans-Terre. Il convoqua les communes du pays et marcha contre Châlucet, qui fut emporté en 1269 (al. 1270) (1). On eût peut-être démantelé la forteresse, pour empêcher qu'elle ne servît de nouveau de retraite à des perturbateurs de la paix publique ; mais c'était un fief du monastère de Solignac ; on la remit donc entre les mains de l'abbé.

Que se passa-t-il alors? Nous ne pouvons que le conjecturer, d'après des textes en apparence contradictoires, ou du moins fort décousus. Le conseiller de la vicomtesse, Gérald de Maulmont, archidiacre de Limoges et chanoine de Lyon, acheta, en 1272, le château haut de Châlucet. Un écrivain du temps explique qu'il fit cette acquisition, non pour le compte de la vicomtesse, mais pour le sien (2). Il est certain qu'elle fut faite en son nom ;

_____

(1) *Dominus Aymericus, Lemovicensis episcopus, habuit communias, Lemovicensis diocesis contra raptores qui erant apud Chaslucetum.* (Bibl. nationale, man. latin, 11019, fol. 269). Voy. aussi *Annales manuscrites de Limoges*, p. 204.

(2) *Emit magister G. de Malomonte, clericus et rector vicecomitatus Lemovicensis, castrum de Chalucet... tamen non emit ad opus vicecomitis, sed ad opus sui.* (Man. lat., 11019, fol. 127, 128).

mais on peut supposer que Marguerite n'aurait pas obtenu à ce moment la cession de la forteresse qui venait de lui être enlevée de vive force; voulant recommencer la guerre, elle fit sans doute acheter Châlucet par son affidé. Ce qui le prouve, c'est que tout aussitôt les vicomtins rentrèrent dans le château et recommencèrent leurs courses, battant l'estrade, dépouillant les bourgeois, coupant les oreilles et la queue des bestiaux, commettant mille déprédations et mille insolences (1).

En 1275, la vicomtesse et sa fille Marie, héritière de la vicomté, donnèrent à Gérald de Maulmont tous les droits qu'elles possédaient sur le Bas-Châlucet (2). Maulmont acquit des chevaliers de ce château leur part du fief, et obtint, en 1279, de Jourdain de Montcocu, qui se disait seigneur pour un quart de la forteresse du haut, l'abandon de ses prétentions : il devint ainsi le seul maître des deux forts; Marie de Limoges et son époux Arthur de Bretagne lui donnèrent un peu plus tard, pour récompenser ses services, les châteaux de Châlus et de Courbefy.

CHALUCET EST ACQUIS PAR LE ROI DE FRANCE. — PHILIPPE V LE DONNE A HENRI DE SULLY.

Après la mort de Gérald de Maulmont, ses neveux, ne se souciant pas de conserver les possessions qu'il tenait de la libéralité de la vicomtesse et de sa fille, vendirent en 1306 ou 1307 au Roi de France, toutes les terres, domaines et châteaux situés dans les diocèses de Limoges et de Périgueux et provenant de sa succession. Philippe IV cherchait alors à prendre pied en Limousin et à s'y créer un point d'appui. Il allait traiter avec plusieurs dignitaires ecclésiastiques, entr'autres avec l'évêque de Limoges et le chapitre de Saint-Yrieix, pour l'établissement de certains tribunaux de pariage. Il tenait « à sa main » la bastide de Masléon, qu'il avait créée en 1289, et le siége royal de Laron, établi à la

(1) Bibliothèque nationale, manuscrit latin 5452, fol. 28. Peut-être ce passage, qui semble se rapporter à l'année 1272, a-t-il trait aux déprédations des années antérieures. Toutefois, les *Annales manuscrites* sont ici d'accord avec nos vieux chroniqueurs.

(2) *Habuit a vicecomitissa magister G. castrum inferius de Chalucet.* (Man. lat. 11049, fol. 128). Une pièce des Archives de la Hte-Vienne (fonds de Solignac), donne la date de 1274, au lieu de 1275.

même époque, favorisait l'extension de l'influence française dans toute la contrée. L'arrangement avec les héritiers de Maulmont, qui fut confirmé et devint définitif en 1313, donnait au Roi, en totalité ou en partie, la possession des châteaux de Châlucet haut et bas, Courbefy, Châlus haut et bas, Bré, Aixe, Bourdeilles, plus certains droits à Saint-Pardoux-la-Rivière. Les neveux du gouverneur de la vicomté recevaient en échange les châtellenies de Tournoël près Riom et de Châteauneuf en Auvergne, plus Châteauguyon et Cébazat, avec la haute et basse justice, les hommages et les bois en dépendant (1).

Le roi plaça un châtelain à Châlucet et fit exécuter quelques réparations aux deux châteaux ; mais les successeurs de Philippe IV ne surent pas continuer sa politique. Châlucet, Châlus, Courbefy, Bré, furent abandonnés, comme le bailliage de Laron, comme la bastide de Masléon. Au mois d'octobre 1317, Philippe V donna à Henri de Sully, bouteiller de France, pour prix de rachat d'une rente précédemment assignée à ce seigneur sur le château de Lunel et sur plusieurs autres places, les divers châteaux achetés en 1306 aux Maulmont (2). Mis immédiatement en possession, Henri de Sully reçut, dès le 16 novembre 1317, l'hommage des petits seigneurs qui relevaient alors de Châlucet, Bré, Châlus et Courbefy : d'Aymeric du Mas, notamment, de Foucher de Saint-Hilaire, de Guillaume Radulphe, d'Othon de Bré, de Gérard de Jaunhac, de Bernard La Melle (?), de Jean Vigier, de Jean de Bonneval, d'Adémar Lespinat, de Denise de Leymarie, veuve de Gui Adémar, etc. (3). Tout aussitôt, les difficultés qui s'étaient jadis produites entre Gérald de Maulmont et ses voisins se réveillèrent. Le nouveau propriétaire de Châlucet prétendi que le roi lui avait donné le château franc et quitte de tout hom mage de seigneur inférieur et dépendant directement de la Cou ronne. L'abbé de Solignac allégua ses anciens droits, produisit le actes constatant la reconnaissance, par les maîtres successifs d la forteresse, de la juridiction du monastère. La querelle, aprè avoir été portée devant le sénéchal à Limoges, paraît s'être ter minée par une transaction. L'abbaye abandonna au Roi, qui ava pris parti pour Sully, l'hommage de Châlucet, et obtint, en échange

(1) Bibl. nat., man. latin 11019, fol. 277 ; Armoires de Baluze, arm. t. xviii, fol. 21 ; *Annales manuscrites*, p. 224.

(2) Archives des Basses-Pyrénées, E 713, et Archives nationales, Trés des Chartes, JJ 60, n° 63.

(3) Arch. Hte-Vienne, fonds Bosvieux : Copies faites aux Archives de Par

LE HAUT CHALUCET (côté sud-est)

la paisible possession de la justice du bourg du Vigen, qui lui était contestée (1).

La forteresse était, pour la petite ville de Solignac et pour l'abbaye, une perpétuelle menace. La garnison qu'y avaient mise les Sully, courait les environs et ne se faisait pas faute de piller ce qu'elle trouvait.

Solignac possédait des foires assez importantes, et il s'y tenait chaque samedi un marché pour lequel le vicomte de Limoges avait accordé une sauvegarde dès 1239. Un jour de foire, des officiers et serviteurs de la maison de Sully, « Jehan Chambon, Guillem et Pierre Narbone, avecques plusieurs aultres, leurs complices, s'en vindrent en la ville de Sollompgnac, fermerent ou firent fermer la porte de ceste ville et y depputerent aucuns gardes de leur propre authorité ». Cela fait, ils « pristrent par leur force et violance en ladicte foire grant quantité de bestes contre le gré et volenté des bonnes gens, c'est assavoir vii bues et xxiiij pors ou environ et s'efforcerent de les mener avecques eux, se ne fussent les merchans et autres gens qui en ladicte foire estoient, qui les empescherent, sans faire a eulx aultre villenie ». Pour se venger d'avoir vu ainsi contrarier leurs desseins, les gens de Châlucet revinrent peu après en armes « par maniere de guerre et d'osti-lité », et « corurent la terre du couvent ». Ils commirent toutes sortes de dégâts, enlevèrent « jusques au nombre de xl bues arra-bles ou environ, et lx aultres bestes grosses ou environ, berbis, moustons, pors », emmenèrent même les hommes de l'abbaye et emportèrent « grant foison de draps de lit, robes, pots, poelles et aultres », pris dans les maisons. Plainte en fut aussitôt adressée aux « capitaines depputez ès parties du Limosin ». Ceux-ci envoyèrent un sergent du Roi, Guillaume Paparet, pour arrêter ces pilleries, faire mettre en liberté les prisonniers et restituer les animaux et objets enlevés dans la dernière razzia. Le ser-gent, accompagné du procureur du monastère, se rendit à Châ-lucet pour remplir sa mission ; mais les gens du château « dedens, entre les deux portes dudict chastel, encloserent ledict sergent et procureur, par telle maniere qu'il les covint a salhir hors par un lieu moult perilleux ». Ce n'est pas tout. On arracha le

(1) *Tractatum fuit quod nos eidem Domino Regi remitteremus homa-gium supradictum et transferremus in eum homagium nostrum predic-tum et nichilominus totam jurisdictionem et justiciam quam habebamus ...... in dicto Castro de Chaslaceto, etc.* (Arch. Hte-Vienne, Solignac, liasses non inventoriées.)

chapeau et l'épée du sergent, on les jeta sur le chemin, et on garda le cheval du pauvre procureur, qui dut s'en revenir à pied. Pour montrer le peu de cas qu'ils faisaient des injonctions des gens du roi, les pillards sortirent de nouveau de Châlucet, en troupe nombreuse, à cheval et bien armés, coururent les villages relevant de l'abbaye, y prirent cent quatorze bœufs, et les vendirent. « Estienne de Morlans, soy pourtant soverein cappitaine du chastel », vint à Solignac, enleva aux habitants « bles, vins et aultres vivres » et même « les armures que les bonnes gens de ladicte ville avoient pour garder et deffendre ladicte ville », — et cela « avecques grosses, injurieuses et villenes paroles de la sauvegarde du Roy (1) ».

Il est à croire qu'on mit bon ordre aux rapines des gens de Châlucet; mais le temps des routiers était revenu : avec la guerre de Cent Ans, allait commencer pour le pays une longue période de misères, de tristesses et de catastrophes. Le théâtre de la guerre, éloigné d'abord du Limousin, s'en rapprocha bientôt. Une bande de pillards avait pu s'établir à Comborn, et y tenir assez longtemps. Dès avant la bataille de Poitiers, les Anglais ou des troupes d'aventuriers à leur solde s'étaient emparés de plusieurs châteaux de la province. Nous ne croyons pas, toutefois, que Châlucet ait été occupé à cette époque par les officiers du Prince Noir.

Le traité de Brétigny abandonna le Limousin à l'Angleterre ; on sait comment Charles V, profitant du mécontentement général causé par la levée d'un fouage sur toute l'Aquitaine, entreprit de déchirer le désastreux traité. Les partisans de la France reprirent courage. Le vicomte de Turenne se déclara hautement pour Charles V, le vicomte de Rochechouart ouvrit les portes de son château à une troupe française commandée par le breton Thibaut du Pont. Charles V se fit alors remettre, par Louis de Sully, les forteresses de Châlucet, Châlus et Courbefy. Les lettres données à cet effet portent la date du 26 octobre 1369 (2). Le 31, un hardi capitaine berrichon, Guichard de Culant, entrait, en vertu d'un ordre du Roi, dans le château de Châlucet, à la tête d'une petite troupe d'hommes déterminés, et s'établissait fortement dans cette position, aux portes de Limoges et au milieu des garnisons anglaises (3).

(1) Arch. Hte-Vienne, fonds de Solignac, liasses non inventoriées.
(2) Trésor des Chartes, J 400.
(3) Léopold DELISLE, *Mandements et actes divers de Charles V*, nos 619 et 692.

Au mois d'août 1370, pendant que le duc d'Anjou et Du Guesclin s'avançaient à travers l'Agénois et le Périgord, le duc de Berri partait de Bourges à la tête de douze cents lances et de trois mille brigandiniers, traversait la Marche, et arrivait, le 21, sous les murs de la Cité de Limoges, où le maréchal de Sancerre l'avait précédé. Du Guesclin les y rejoignit, et prit part aux pourparlers qui amenèrent, le 24, la reddition de la place ; mais l'armée française se dissipa presqu'aussitôt. Vingt jours plus tard, le Prince Noir mettait le siège sous les murs de la malheureuse ville, y entrait par la brèche le 19 septembre, et la livrait aux flammes, après avoir massacré un grand nombre d'habitants.

Guichard de Culant continuait à tenir Châlucet avec deux chevaliers et neuf écuyers. De ces douze hommes, dix occupaient le château et deux étaient logés dans le village. Les Anglais étaient venus les attaquer — vraisemblablement dans le cours de novembre 1369. — Nous ne connaissons pas les détails de cette expédition, ni sa durée ; mais un mandement du roi Charles V, du 11 décembre suivant, nous apprend que les ennemis « avoient grande envie de prendre le fort et longuement y tinrent siége » (1). Ils ne réussirent pas dans leur entreprise et furent obligés de se retirer. Châlucet fut de nouveau menacé par les Anglais après le sac de la Cité de Limoges, entre le 20 et le 23 septembre 1370 ; tout au moins les maisons construites au pied de la forteresse furent-elles pillées. C'est ce qui semble résulter des indications fournies par un très curieux rôle d'assises tenues par les prévôts de l'abbaye de Solignac. Ce document prouve combien peu solide était à ce moment la domination anglaise dans nos contrées, puisqu'à peine les soldats du prince de Galles avaient-ils quitté une localité, les victimes de leurs déprédations pouvaient actionner judiciairement les acquéreurs du butin fait à leur préjudice et que, particularité bien plus significative encore, les seigneurs justiciers poursuivaient ces derniers d'office. Nous voyons dans ces assises les officiers du monastère condamnant à l'amende toute personne ayant acheté quelque chose aux troupes d'Edouard : qui a acheté un cheval, qui une ânesse, qui un poulain ou une pouliche, qui des grains, de menus ustensiles, des couvertures, des draps, des sacs. Parmi les objets ainsi vendus, il s'en trouve qui proviennent de Châlucet, d'autres de Pierrebuffière.

Peut-être — mais nous ne saurions émettre qu'une hypothèse à cet égard — les Anglais s'étaient-ils débarrassés de ce butin au

(1) *Mandements de Charles V*, n° 619.

retour de l'échauffourée de Pierrebuffière, qu'il faudrait par conséquent placer dans les derniers jours du mois de septembre 1370. Nous ne savons que peu de chose sur cet épisode, bien curieux pourtant, de la guerre franco-anglaise dans nos pays. Les *Annales manuscrites* donnent à entendre qu'il y eut un engagement entre le seigneur de Bertincourt, sénéchal d'Angleterre, à qui le Prince Noir avait « donné lettres de la vicomté de Ségur », et que « messire Bertrand du Clesquin chaslongeoit », et quelques bandes françaises réunies sous les ordres du capitaine de Rochechouart, le breton Thibaut du Pont. Froissart raconte d'une autre façon « la moult dure aventure » qui « en ce temps avint à monseigneur Eustache d'Auberchicourt ». — Chevauchant en Limousin, le sénéchal arriva un soir sous les murs de Pierrebuffière et s'empressa de demander l'hospitalité au seigneur du lieu qu'il tenait « pour ami, pour compagnon et pour bon Anglois ». Pierrebuffière ne lui ferma pas sa porte ; mais comme il venait de se ranger au parti français, il trouva l'occasion excellente pour y payer sa bienvenue. Il fit prévenir Thibaut du Pont et sa *route*. Peut-être même ceux-ci étaient-ils déjà embusqués dans les environs du château. Le sénéchal, qui se croyait en pays ami et « ne se donnoit point de garde », fut pris comme un renard au gîte et rançonné sans miséricorde. Il n'obtint sa liberté que moyennant la somme énorme de douze mille francs, plus d'un demi million d'aujourd'hui. Ses finances ne se relevèrent pas de cette saignée.

La prise et le sac de la Cité n'interrompirent qu'un instant les progrès des Français. Dès le 28 septembre, ordre était donné par le Roi au maréchal de Sancerre de conserver cinq cents hommes d'armes pour tenir la campagne en Limousin. Les places encore occupées par les Anglais furent vigoureusement attaquées. Une garnison fut mise dans le fort de Solignac ; Aixe fut évacué par la troupe qui l'occupait, et, le 24 avril 1372, les consuls du Château de Limoges ouvrirent leurs portes aux officiers de Charles V. Dès lors, le Limousin fut perdu pour les Anglais ; ils y tenaient encore quelques places ; mais leur prestige n'existait plus et partout la population se « tournait » Française.

LES ROUTIERS : EXPLOITS DE PERROT LE BÉARNAIS.

Les Anglais tenaient encore quelques forteresses dans le pays et il semble résulter de deux passages de nos *Annales manuscrites,* qu'à l'époque où le Château de Limoges se rendit à Charles V, Châlucet avait déjà été repris par l'ennemi. Nous croyons toutefois qu'il y a ici erreur et que la forteresse ne fut occupée par une bande d'aventuriers se disant à la solde de l'Angleterre que quelques années plus tard.

En 1379, le chef de la bande qui tenait Châlucet se nommait Paya Negra. Ses hommes, du reste peu nombreux à ce qu'il semble, étaient de véritables voleurs de grands chemins. Pour se débarrasser de cet insupportable voisinage, Limoges et les villes et bourgs des environs offrirent spontanément au roi de France « un fouage d'un franc d'or — près de 50 fr. d'aujourd'hui — pour chaque feu, « le fort portant le faible, hormis les nobles, gens d'église et personnes mendiantes ». Enorme contribution pour ce temps-là et pour une population déjà appauvrie par de longues guerres. Paya Negra évacua Châlucet en 1380 ; mais presque aussitôt un aventurier bien autrement hardi et redoutable, Perrot Foucaud, surnommé le Béarnais — il était originaire des environs d'Orthez — s'en empara avec l'aide d'un second capitaine non moins célèbre, Aymerigot Marcel, et s'y établit. Il devait s'y maintenir jusqu'en 1393. — « Fait si bel et bon voler en Auvergne et Limousin, que meilleur ne peut faire, » disait Aymerigot à ses compagnons. On le voyait assez.

Ce n'est pas qu'à ce beau métier on ne courût quelque risque. On rencontrait quelquefois par les chemins une troupe de gens d'armes du sénéchal, et avec ceux-là, on n'avait pas toujours le dessus ; ou bien les paysans, se trouvant en nombre, tombaient sur une petite escouade de routiers cu sur quelque compagnon isolé et il n'y avait pas, d'eux non plus, à attendre merci. Il arriva aussi plus d'une fois que les individus que pillaient ou que maltraitaient les brigands se firent eux-mêmes justice : témoin cet habitant de Saint-Lazare, qui avait assommé d'un coup de bâton, un routier de Châlucet en train de faire violence à sa femme, et avait jeté son corps dans un puits. Mais ces mésaventures étaient en somme l'exception. La terreur qu'ils inspiraient donnait une assez grande sécurité aux compagnons.

Ces gens-là pillaient et rançonnaient le pays, faisaient « guerre d'Anglais » pour parler comme Froissart; mais la plupart étaient originaires du continent: il y avait dans leurs rangs, comme dans ceux des Brabançons du xiie siècle, des Gascons, des Béarnais, des Limousins, des Périgourdins, et « toutes manières de gens qui vouloient mal faire » trouvaient un refuge dans les châteaux occupés par ces bandits.

Perrot était un des chefs les plus célèbres des compagnies qui ravageaient le pays depuis plus de vingt années. De La Rochelle aux extrémités de l'Auvergne, on respectait ses saufs-conduits. Il avait été dans le principe sous les ordres d'Aymerigot : il s'affranchit plus tard de cette dépendance, et devint le vrai roi de la contrée, grâce à l'abandon dans lequel on laissait le Limousin et le pays environnant. Le Béarnais et sept ou huit autres capitaines avaient formé entre eux une sorte d'association : on les voyait, aussitôt que l'un deux était menacé, accourir tous à son aide, et comme ils pouvaient réunir 5 à 600 lances, il n'y avait pas, dans toute la région, de force capable de leur résister. Le plus puissant de ces bandits était alors Geoffroi Tête Noire, qui occupait le château de Ventadour et qui s'intitulait « duc de Ventadour, comte de Limoges, sire et souverain de tous les capitaines d'Auvergne, de Rouergue et de Limousin ».

A plusieurs reprises, on tenta de déloger ces brigands, mais sans succès. Les habitants de la contrée, qui les redoutaient, consentaient, pour vivre à l'abri de leurs déprédations, à leur payer des redevances en nature et de grosses sommes d'argent. Grâce à ces tributs, les garnisons étaient nombreuses, bien pourvues, bien armées, bien fortifiées. Il eût fallu un long siége pour s'emparer de chaque place. On essaya de traiter avec les chefs et d'obtenir à prix d'or leur éloignement. Mais les exigences des capitaines, leurs accointances avec quelques seigneurs français mécontents, les intrigues de l'Angleterre qui, ne pouvant entretenir des troupes sur le continent, réussissait du moins à augmenter les embarras de la France, faisaient traîner en longueur les négociations.

Beaucoup de documents témoignent de l'état vraiment pitoyable de toute la région du centre à cette époque. Aucun n'en donne une plus exacte idée qu'un recueil de miracles, composé après l'*ostension* des reliques de Saint-Martial, en 1388, par un moine du grand monastère, et publié, il y a peu de mois, par M. le chanoine Arbellot(1). L'auteur de ce curieux opuscule montre la ville de Limoges comme assiégée par les garnisons des places voisines, et les habitants presque affamés. Les gens de la campagne n'osaient plus apporter leurs denrées aux marchés ni mener leurs bestiaux aux foires. Les voyageurs, les vivandiers, les colporteurs, les négociants, les pélerins ne se hasardaient guère sans un sauf-conduit, que les chefs des compagnies faisaient payer fort cher. Les habitants de Solignac eux-mêmes,

(1) *Miracula S. Marcialis, anno 1388 patrata (ex Analectis Bollandianis)*. — Bruxelles, Polleunis et Cie, 1882.

voisins de Châlucet et en relations quotidiennes avec les compagnons, n'étaient pas plus ménagés que les autres s'ils oubliaient
de se munir du précieux parchemin. Et ce que la tradition
du pays rapporte des mauvais traitements infligés, par ces bandits, à leurs prisonniers, n'a rien d'exagéré. Tantôt les routiers
attachent les malheureux derrière leurs montures ; tantôt ils les
mettent à califourchon sur un de leurs chevaux, en ayant soin de
leur garotter les mains derrière le dos de façon à les empêcher
de s'en servir, et de leur lier les jambes sous le ventre du cheval, afin qu'ils ne soient pas désarçonnés. Quand la route est
longue et que les compagnons ne la font pas d'une traite, on les
voit enchaîner leurs captifs à une poutre, dans l'auberge où ils
passent la nuit. Arrivés à leur repaire, ils mettent aux prisonniers des fers aux mains et aux pieds et les jettent dans une
basse fosse infecte, ou dans les soubassements d'une haute tour,
où on les gardera jusqu'au paiement d'une grosse rançon : les
pauvres diables demeurent parfois des années entières dans ces
cachots.

Il y avait déjà six ans que Perrot occupait Châlucet et il paraissait peu disposé à abandonner la forteresse. Le gîte était bon et
sûr ; de là, l'aventurier tenait tout le pays sous sa main.
Il en sortait fréquemment, d'ailleurs, tantôt pour battre les rou-
tes autour de Limoges, tantôt pour entreprendre de véritables
expéditions. En voici une, de belle hardiesse, qui est racontée
par Froissart :
Un des lieutenant du Béarnais, Géronnet de Ladurant, avait
été pris, avec vingt-deux de ses hommes, par messire Jean
Bonnelance, un brave chevalier qui était au duc de Berri. Bonnelance emmena ses prisonniers à Montferrand et envoya de sim-
ples compagnons pour traiter de leur rançon. Ceux-ci se présen-
tèrent devant Perrot. Nous laissons parler Froissart :
— « Vous êtes ci venus pour quérir argent et leur délivrance,
n'est-ce pas? dit le capitaine.
— » Oui, répondirent-ils. On ne gagne pas toujours.
— » Je n'en sais, répartit Perrot, de gain ni de perte ; mais de
par moi n'auront-ils rien, car je ne les y fis pas aller ; ils ont che-
vauché à leur aventure. Or, leur mandez ou dites, quand vous
les verrez, qu'aventure les délivre. Pensez-vous que je veuille
mettre mon argent en tel emploi? Par ma foi, beaux compagnons,
nenni ! Toujours aurai-je des compagnons assez qui chevauche-
ront plus sagement que ceux-ci n'aient fait. Si ne délivrerai ni
racheterai jà homme, s'il n'est pris en ma compagnie. »

Cette réponse prouve que les chefs de bande exigeaient de leurs hommes une discipline qu'on rencontrait rarement dans les armées régulières : elle n'était pas pour satisfaire Géronnet et ses camarades ; mais elle ne les découragea pas. Le lieutenant chargea les porteurs du message de retourner auprès de Perrot. — « Qu'il » nous délivre d'ici, dit-il, et un mois après ma délivrance, je » le mettrai en tel parti d'armes, si à lui ne tient, qu'il gagnera, » avec ses compagnons, cent mille francs. » (1)

Cent mille francs ! C'était ce que la France et la Bretagne avaient payé pour la rançon de Du Guesclin..... La perspective d'une si brillante *affaire* donna à réfléchir au capitaine de Châlucet. Il se décida à payer la somme qu'on lui demandait pour la liberté des vingt-trois soudarts, qui revinrent au château, où leurs compagnons fêtèrent à l'envi leur retour. Puis Perrot rappela à Géronnet sa promesse ; celui-ci lui proposa tout simplement le pillage de la ville de Montferrand. L'entreprise parut au bandit mériter d'être tentée. Il rassembla tous les compagnons qu'il put réunir et partit avec six autres capitaines. Géronnet marchait en avant avec onze hommes bien déterminés, et comme lui, déguisés en marchands.

Les douze compagnons allèrent se loger dans une hôtellerie de Montferrand. La nuit venue, ils se postèrent sur les remparts et attendirent l'arrivée de la troupe. Quand Perrot et ses hommes atteignirent le pied des murailles, Géronnet leur proposa de les escalader. Perrot refusa tout net. Bien que les pourparlers entamés avec lui par le comte d'Armagnac et le dauphin d'Auvergne n'eussent pas encore abouti, certaines conventions préliminaires étaient intervenues et le capitaine avait pris l'engagement de n'*embler* ni *escheler* aucune ville, bourg ou château du Roi de France. La conscience de Perrot ne lui permettait pas de violer d'une façon aussi flagrante des engagements solennels. Il déclara donc à Géronnet qu'il n'entrerait « que par la porte et non par ailleurs ». Le lieutenant fut obligé de respecter ce scrupule inattendu de son capitaine.

A ce moment, un tailleur qui demeurait non loin de là, ayant entendu du bruit, monta sur le rempart, et, apercevant les compagnons, se mit à crier pour donner l'alarme ; mais entouré aussitôt et menacé de mort, le pauvre homme promit de garder le

(1) Cinq ou six millions d'aujourd'hui, étant donné la diminution du pouvoir de l'argent.

LE HAUT CHÂLUCET

LA GRANDE GALERIE DU SUD-OUEST

silence. Sur l'ordre de Géronnet, il se rendit au corps de garde de la porte la plus voisine, réveilla le chef du poste, et lui conta qu'il était envoyé par le commandant de la place pour donner l'ordre de faire entrer dans Montferrand des marchands de Montpellier, qui, rompus de fatigue et trempés de pluie, attendaient l'ouverture des portes. L'officier, sans défiance, remit les clefs au tailleur, qui ouvrit lui-même : ceux du dehors aidèrent à coups de hache à la besogne. La troupe entra ; on rencontra peu de résistance et le Béarnais se vit bientôt maître de Montferrand.

« Ainsi fust la ville de Montferrand en Auvergne prise, le jeudi,
» par nuit, devant le dimanche gras, treizième jour de febvrier,
» par Perrot le Bernois et ses complices. Et sitôt qu'ils virent qu'ils
» étaient seigneurs de la ville, ils se logèrent par les hôtels, tout
» à leur aise, sans bouter feu ni faire aucune autre violence ; car
» Perrot défendit, sur la tête à perdre, que nul ne violât femme
» ni pucelle, ni ne boutât feu, ne prensit pillage ni prisonnier,
» grand ni petit, dont il n'eût connaissance, et que nul, sur la
» peine dessus dite, ne grevât ni molestât église nulle ni hommes
» d'église, ni que rien n'y fût pris ni ôté ».

Le lendemain, la place fut pillée avec méthode. Pendant cette opération, une troupe d'arbalétriers et de gens de pied, sortie de Clermont, se présenta devant Montferrand ; mais les routiers contraignirent ces trouble-fête à tourner les talons, et, le soir, après avoir chargé leurs chevaux de tous les objets précieux dont ils avaient dépouillé les habitants, ils reprirent le chemin de Douzac, le fort d'Olim Barbe, un des capitaines qui avaient eu part à l'expédition. Là se fit le partage du butin et des prisonniers. Puis chaque troupe rentra sans être inquiétée dans sa forteresse. Au pillage de Montferrand, « Messier de Giac, chancelier de France, perdit bien, en or, 30,000 francs », — quelque quinze cent mille francs d'aujourd'hui.

« Les nouvelles, ajoute Froissart, furent tantôt trop bien sues, comment les Anglais, Gascons et pillards avaient pris et conquis la bonne ville de Montferrand en Auvergne. Tous ceux qui en ouïrent parler et à qui il en touchait s'en émerveillaient et s'en doutaient, et frémissaient les voisins pays : Auvergne, Bourbonnais, Forez, jusques en Berri. Quand les nouvelles en furent venues à Paris, le roi et ses oncles en furent tout courroucés : ce fut raison. »

Le dauphin d'Auvergne se plaignit à Perrot de ce qu'il avait, au cours des négociations, surpris et pillé une ville du roi. L'aventurier répondit « que les compagnons ne l'avaient point

prise frauduleusement, emblée ni échelée », mais y étaient
entrés par la porte, — « laquelle on ouvrit à l'encontre d'eux et de
leur venue ». La phrase est charmante.

Froissart nous montre, deux ans plus tard, le bandit un peu
plus respectueux des traités. Le vicomte de Meaux, qui assiége
Aymerigot Marcel dans le fort de La Roche Vendais, dépêche un
héraut à Olim Barbe et à Perrot pour connaître leurs dispositions.
L'envoyé trouve ce dernier « à la barrière, avec grand foison de
ses compagnons, s'ébattant à jeter la pierre ». Il s'acquitte de
son message. — « Héraut, répond le capitaine, vous direz à vos
maîtres que nous voulons aussi entièrement et loyalement tenir
la trève comme nous voulons qu'on nous la tienne ». Il fait
dîner le messager et lui donne dix francs, cinq cents de notre
monnaie, quand celui-ci prend congé.

Lors de l'expédition du comte d'Arondel, en 1388, Perrot, dans
le but de faciliter sa descente en divisant les forces du duc de
Berri, avait ravagé, à la tête de quatre cents lances et d'une
compagnie d'aventuriers, les environs de la ville d'Argenton;
quelques jours plus tard il pillait Le Blanc ; puis il revint à Châlucet et continua à y vivre sans être inquiété. Plusieurs villes du
pays durent, comme les villages, traiter avec lui; les consuls de
Bellac conclurent avec ce capitaine un accommodement aux
termes duquel, moyennant le paiement d'une somme d'argent,
il s'engagea à respecter les bourgeois, la ville et son territoire.

Nous avons dit que les négociations entamées avec Perrot par
le duc de Berri traînaient en longueur. L'aventurier avait de-
mandé, pour livrer la forteresse, une somme énorme. Telle était
l'importance qu'on attachait à l'évacuation de Châlucet, qu'on
décida la levée d'un subside extraordinaire dans toute l'étendue
de plusieurs provinces. Le clergé lui-même dut payer sa part de
cette taxe : une bulle de Robert de Genève, qui occupa seize ans
le siège pontifical d'Avignon sous le nom de Clément VII et prêta
aux rois de France un précieux concours dans leur lutte contre
les Anglais, autorisa, en 1391 (ou 1392?), l'imposition de cette taxe
sur les biens ecclésiastiques, et nomma des commissaires chargés
de présider à sa levée.

Le prix total fixé pour le rachat des châteaux occupés par les
routiers dans la région du centre, était de deux cent cinquante
mille francs, plus de douze millions d'aujourd'hui. Encore Geoffroi
Tête Noire s'était-il refusé à prendre part aux négociations, et
la reddition du fort de Ventadour n'était-elle pas comprise dans
le marché. Châlucet était considéré par les Français comme le

point qu'il importait le plus d'occuper. Le comte d'Armagnac répétait qu' « assez tôt aurait-il Aimerigot Marcel ; mais qu'il pût avoir Perrot le Béarnais ».

Ce dernier avait déjà amassé quelques économies. Il possédait dans son pays une belle habitation construite aux frais des gens du Limousin et de l'Auvergne, entourée de magnifiques jardins, et située auprès d'un bourg dont le biographe du duc Louis de Bourbon, Cabarret d'Orronville, nous fait connaître le nom barbare : Brassempoing. Ces dépenses ne l'empêchaient pas d'avoir plus de quarante mille francs dans sa « huche » à Châlucet. — « Monseigneur, dit au duc le comte de Foix, son hôte d'Orthez, quand vous partirez d'ici, je vous conseille que vous alliez en Bourdelois, en la ville appellée Brassempoing... et en allant là, vous trouverez une forte maison qui est de Perrot le Bernois, laquelle a bien coûté à faire quinze mille francs de la finance qu'il conquit à Challusset ; et m'est avis que si la maison faisiez ardoir, que ce ne seroit pas mal ». Le prince suivit ce bon conseil ; il fit brûler le château et « degaster tous les jardins », et, ajoute le chroniqueur, « fut appauvri Perrot à cette heure de tout ce qu'avoit amassé, pillé et robé en son temps » (1). Médiocre consolation pour les volés. Cela se passait du reste en 1388, et Perrot devait encore prendre aux Limousins, Berrichons, Périgourdins et Auvergnats, assez d'argent pour faire rebâtir son castel.

Après la mort du « duc de Ventadour », Geoffroi Tête Noire, survenue en 1390, ses neveux continuèrent ses brigandages ; mais ils laissèrent prendre par surprise leur forteresse et ils furent mis à mort. Il eût été plus difficile peut être d'enlever Châlucet. Heureusement Perrot, qui commençait à se sentir isolé — plusieurs places voisines occupées par des chefs de compagnies venaient de se rendre aux Français — était enfin disposé à déguerpir. Il semble même avoir accordé quelques concessions sur le prix qu'il avait fixé en premier lieu pour remettre la forteresse au duc de Berri. Plus de deux ans après la prise de Ventadour, le 4 janvier 1393, ayant touché la somme convenue — Limoges fournit pour sa part douze mille livres — le Bernois et sa compagnie sortirent de Châlucet. Ils y étaient restés douze ans et neuf

(1) *Histoire de la vie de Louis de Bourbon*, tome IV de la collection Buchon, p. 168. Brassempoing est un bourg de l'arrondissement de Saint-Sever (Landes).

mois. (1) Les habitants des environs, trouvant leur compte aux
dépenses de cette troupe de soudards, qui sans doute vivaient
bien, et dont ils étaient à la longue devenus les fournisseurs,
avaient fini par entretenir avec eux d'excellents rapports : à ce
point que les bourgeois de Solignac, après le départ de Perrot,
durent solliciter de Philippe d'Artois, connétable de France, des
lettres de grâce qui leur furent octroyées. Nous avons trouvé,
dans les recueils de Dom Estiennot, le texte de ces lettres, men-
tionnées seulement à l'inventaire des titres du chartrier de
l'abbaye. Elles nous apprennent que Perrot avait enlevé
Solignac à « Messire Amanyon de Mussidan et ses compaignons
qui avoient prins et tenoient la dicte ville de Solempnac vii a
cinq ans ou environ ». Dès 1389, les habitants d'Aixe, qui s'é-
taient aussi trouvés à la merci des garnisons de Châlucet et de
Courbefy et avaient entretenu avec elles des relations suivies,
avaient sollicité et obtenu du roi semblable rémission.

Le *Livre des Faits du bon messire Jean le Maingre, dit Boucicaut* —
il s'agit ici du second maréchal de France de ce nom — rapporte, parmi les premiers faits d'armes de ce brave soldat, un
combat singulier dans lequel il vainquit un « chevalier Anglois
de Gascogne » du nom de Sicard de La Barde. Cette joute (les
adversaires étaient à cheval et armés de lances) eut lieu, d'après
le biographe, « devant le chasteau de Chaulucet » occupé par une
garnison anglaise et situé non loin de l'Angoumois et du Poitou,
qui avaient été le théâtre des précédents hauts faits de Boucicaut (2). Le duc de Bourbon avait nommé le jeune homme son
lieutenant « ès frontières et au pays de delà ». Bien que le
site de Châlucet se prête peu à une joute, il n'est pas impossible
que la forteresse limousine ait été témoin du fait en question.

CHALUCET SOUS LES D'ALBRET. — JEAN DE LAIGLE. — UNE PAGE DES
HISTOIRES TRAGIQUES DE BANDELLO.

Le pays, délivré des incursions des compagnies, put enfin respirer; mais sa tranquillité ne devait pas être de longue durée.
La faiblesse et l'incertitude du gouvernement sous le règne de

(1) *Annales manuscrites*, p. 286, 287.
(2) Coll. Buchon, t. VI, p. 36, 40, 44.

Charles VI, livrèrent le royaume à tous les désordres. L'œuvre toute entière de deux grands hommes, Charles V et Du Guesclin, fut compromise. On vit reparaître les routiers qui avaient, durant quelques années, cessé leurs ravages et dont on avait pu se croire pour jamais débarrassé. Des provinces entières se trouvèrent à la merci d'une bande de pillards. Malgré l'énergie de Guillaume Le Bouteiller, qui s'était emparé de Ventadour en 1390 et qui remplissait encore, en 1407, les fonctions de sénéchal du Limousin, plusieurs places du haut et bas pays, Ayen, Courbefy et Châlucet notamment, furent réoccupées par des garnisons anglaises. Un peu plus tard, le sieur d'Orval, lieutenant du roi de France, se voyait obligé de faire crier à son de trompe « que toutes places et forteresses qui ne se pouvoient garder, fussent démolies et abattues ». Le trouble était partout. En ce temps-là, raconte un contemporain, « il y avoit tant de rôtiers, gens d'armes » et autres gens pour piller et destrosser les gens, qui n'estoient ozez » ne si hardis d'aller pour païs, qui ne fussent pillez et aulcunes » fois tués ; car la pluspart de France et de Guienne estoit detenue » par les Anglois, et y avoit grands garnisons qui pilloient toute » maniere de gens, et l'on ne sçavoit de qui se garder ou des » Anglois ou des François »... « On ne savoit, dit un autre, pour » qui s'advouer, à qui se rendre ». .

Le vieux fort des Jaunhac n'appartenait plus aux Sully. Depuis le 1er janvier 1401, il avait changé de maîtres, et, à la suite d'un mariage, il était passé aux mains des d'Albret. Marie de Sully, fille de Louis, arrière-petite-fille de Henri et héritière de cette illustre famille, était veuve de Gui VI de la Trémouille, garde de l'oriflamme de France. En épousant Charles I d'Albret, connétable, lequel mourut, en 1415, sur le champ de bataille d'Azincourt, elle lui porta des biens considérables, entr'autres les châteaux de Châlus, Courbefy et Châlucet. Les races féodales qui, depuis le xiie siècle, avaient résidé dans la dernière de ces forteresses, n'existaient plus ou avaient quitté le lieu. Nous n'avons trouvé aucune pièce y mentionnant leur présence après 1372. Il semble aussi que, dès la même époque, le Bas-Château ne fût plus qu'une annexe du Haut-Châlucet : c'était, du reste, la conséquence nécessaire de la réunion des deux manoirs dans les mêmes mains.

Vers 1420, une troupe de compagnons, qui avaient à leur tête un chef de bande renommé, le Petit Basque, s'empara de Châlucet. Nous n'avons aucun détail sur cet événement. Toutefois,

il semble résulter de la chronique de Gérald Tarneau, notaire à
Pierrebuffière (1), que la forteresse fut prise par la faute de
Jacques Ferrand, un des principaux officiers du comte d'Albret.
Le manque de vigilance de ce personnage faillit replonger tout
le pays dans les misères des dernières années du xive siècle.
Toutefois, on prit aussitôt d'énergiques mesures pour se débarrasser de cet incommode voisinage. Les habitants de Pierrebuffière et leur seigneur prêtèrent un concours dévoué aux gens
du comte d'Albret : ils réussirent à surprendre, dans une de ses
expéditions, le Petit Basque avec une partie de sa troupe et à les
faire prisonniers. Ce qui restait de compagnons dans le château
vint à composition, et Châlucet fut remis, encore une fois, à son
légitime propriétaire. Il n'est pas impossible que ces événements
se soient passés un peu avant la date que nous leur assignons, et
que l'expédition dirigée, en 1412, par le maréchal d'Ailly, et
qui avait pour objectif la forteresse, eût précisément pour but de
reprendre le fort à la compagnie du Petit Basque.

En 1424, Guillaume d'Albret, seigneur d'Orval, lieutenant du roi
en Limousin, se fit déléguer par Charles VII une somme qui avait
été votée, à titre de subside, par les Etats de la province. Le seigneur d'Orval n'était pas aimé dans le pays ; il avait la main dure
et le gouverneur de ses domaines particuliers, Bertrand Ferrand,
malmenait et détroussait sans vergogne le pauvre peuple (2). Sur
plusieurs points, la taxe ne fut recouvrée qu'avec peine. Les
habitants de Pierrebuffière, entr'autres, qui avaient été imposés
à quatre-vingts livres, reçurent en armes le commissaire chargé
de percevoir leur contribution et déclarèrent qu'ils refusaient de
la payer. Guillaume d'Albret prit alors le parti de déléguer à
son tour cette somme à un officier gascon du nom de Jean de *Les-
pero* ou de Saint-Paul, un des compagnons d'Etienne de Clermont, capitaine de Châlucet, qui avait peu auparavant succédé,
peut être pas immédiatement toutefois, à un certain « de Lissa »,
longtemps pourvu de ces fonctions. La garnison de Châlucet fit
des courses dans les environs de Pierrebuffière et enleva plusieurs
habitants, qui furent emmenés prisonniers dans la forteresse. Un
des hommes de Jean de Saint-Paul, nommé Pedegos, ayant eu son
cheval tué dans une de ces rencontres, cet incident devint le

(1) Manuscrit de la Bibliothèque communale de Limoges.
(2) *Magnus latro, et depredator, et deppopulator agrorum.* (Chron. de
Gérald TARNEAU).

point de départ de nouvelles hostilités et le prélude de violences qu'on essaya en vain d'arrêter en soumettant l'affaire à l'arbitrage d'un gentilhomme du pays, Guillaume de Salagnac, seigneur de Magnac, et de Hugues de La Barre, capitaine de Courbefy. La chronique de Tarneau, à laquelle nous empruntons tous ces détails, raconte plusieurs épisodes de cette lutte, entr'autres l'incendie du bourg de Saint-Priest-Ligoure et une tentative d'évasion de deux ou trois compagnons faits prisonniers par les habitants de Pierrebuffière, et qui marque bien l'énergie et l'audace de ces soudards. Louis de Pierrebuffière et son frère, le baron de Châteauneuf, avaient déclaré qu'ils n'interviendraient qu'après le paiement des 80 livres dus au seigneur d'Albret, et les bourgeois s'étaient décidés a s'exécuter. Les courses de la garnison de Châlucet ne cessèrent point pour cela : le cheval de Pedegos coûta cher aux pauvres gens. Jean de Laigle prit parti, à la sollicitation de leur seigneur, pour les habitants de Pierrebuffière. Ce patronage eut pour conséquence de mêler ces derniers à la lutte engagée, depuis longtemps déjà, entre le lieutenant du vicomte et les consuls du Château de Limoges. Les consuls s'allièrent avec Poton de Saintrailles, alors capitaine de Châlucet, et, quelque temps à la solde de la commune. Les hostilités s'envenimèrent, et le 31 janvier 1427, Poton surprit la ville de Pierrebuffière. Cette petite guerre portait à son comble le trouble qui régnait dans la province et compliquait singulièrement les difficultés qu'avaient fait naître les revendications de Jean de Bretagne réclamant les droits des vicomtes sur le Château de Limoges, revendications auxquelles le roi s'efforçait d'imposer silence. Charles VII se décida à intervenir. Poton, qui avait épousé une demoiselle de la maison limousine de Brachet, avait, sur ces entrefaites, traité avec le seigneur de Laigle (29 mars 1427). Au mois de juillet suivant, une trêve fut conclue entre les consuls du Château, d'une part, les seigneurs de Laigle, de Châteauneuf et de Pierrebuffière, de l'autre, (1) grâce à l'intervention des évêques de Poitiers et de Limoges et du sire de Mortemart, envoyés par Charles VII pour mettre fin à des désordres dont les

---

(1) Nous avons publié le texte de ces conventions, d'après une copie de la collection Doat, dans le *Bulletin de la Société archéologique et historique du Limousin*, t. XXXI, p. 76. (Voir, pour le récit des événements dont nous donnons ci-dessus un rapide aperçu, la chronique de Tarneau, l'*Essai sur la Sénatorerie de Limoges*, de Duroux, p. 208 et suiv.; les *Annales manuscrites*, p. 300; Doat, t. 244, p. 236, et *Chartes et Chroniques Limousines*, publiées par notre confrère M. Alfred Leroux.

ennemis pouvaient tirer profit. Vers la même époque, Poton, qui commandait alors la garnison du Château de Limoges, fit nommer, par le comte d'Albret, à la charge de capitaine de Châlucet, un jeune officier périgourdin, Tandonnet de Fumel. Nous ignorons s'il agit ainsi pour être agréable à Jean de Bretagne, avec lequel, on l'a vu, il s'était réconcilié et à qui Tandonnet était tout dévoué, ou pour calmer les inquiétudes et les ressentiments des gens de Pierrebuffière.

Tandonnet de Fumel, qui appartenait à une famille noble du Périgord et à qui, en 1441, Jean de Laigle fit épouser sa propre sœur, Vauldrue de Bretagne (1), joua un rôle assez considérable dans les événements qui se produisirent en Limousin entre 1425 et 1445. On le trouve plusieurs fois commissaire royal et chargé d'affaires importantes. Il semble toutefois que les habitants des environs de Châlucet n'aient pas beaucoup gagné à l'expulsion des Anglais. Compagnons et soudards du seigneur d'Albret, c'était à peu près même canaille : on voit, en 1414, Bérard et Amanieu d'Albret prendre les habitants de plusieurs villages des environs de Boisseuil et les contraindre de s'avouer les hommes de Châlucet. Tandonnet suit les mêmes errements. Le chapitre de Limoges, dont les gens de Châlucet enlèvent les possessions, emprisonne les vassaux et gâte les récoltes, essaie d'obtenir justice. Les chanoines et leurs officiers sont enlevés par les terribles gens d'armes. L'évêque lui-même, Hugues de Magnac, est pris et rançonné, et peu après, son successeur, Pierre de Montbrun tombe à son tour entre les mains de Tandonnet de Fumel et on le contraint, pour se racheter, de payer une grosse rançon (2) L'abbé de Solignac obtient des lettres du roi pour interdire aux capitaines du sire d'Albret d'obliger les hommes du monastère ceux notamment de Ménérias, Fougeras, Mas-le-Fon, Bos-Teissou La Farge, Le Puy-Mathieu et autres villages et hameaux de paroisses du Vigen et de Solignac, à faire « guet, garde ou manœuvre » dans la forteresse (3).

Lors du passage de Charles VII à Limoges, il reçut des plainte de toute la contrée et le sire d'Albret, invité à faire cesser le courses et les excès de ses gens, dut s'exécuter. Tandonnet de Fumel fut remplacé, à Châlucet, par deux gentilhommes du pays, Jean de Brie et Gouffier de Laront (al. de Lermite); ma la garnison n'en continua pas moins à fouler les environs et

(1) Coll. Doat, t. 246, fol. 47.
(2) Archives Hte-Vienne, chapitre de Saint-Etienne, liasse 3025.
(3) Ibid. Solignac, liasse 4725 et liasses non numérotées.

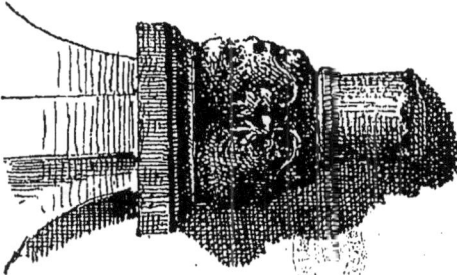

Trois chapiteaux du Haut–Châlucet.

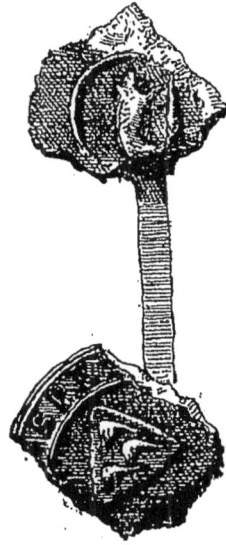

Sceau de Pierre Bernard de Jaunhac, seigneur de Châlucet, 1264.

percevoir les revenus des chanoines. Ceux-ci demandèrent une sauvegarde spéciale au roi et sollicitèrent la permission de se pourvoir devant le Parlement contre leur redoutable adversaire dont « la grande puissance » s'opposait à ce qu'ils obtinssent justice des tribunaux de la province (1).

Les chanoines et leurs vassaux n'eurent pas la paix pour cela. On voit, huit ans plus tard, la garnison du château continuer ses exactions et ses violences. Un pauvre paysan, Pierre Crozilh, de Boisseuil, est attaqué dans sa maison, frappé et grièvement blessé ; non contents de l'avoir ainsi traité, les soldats de Gouffier de Laron lui attachent les bras avec une corde et le traînent à Châlucet en le chargeant de coups. Ils emportent ses poules et reviennent plusieurs fois, au cours des semaines suivantes, pour enlever le misérable mobilier de sa maison. On ne le met en liberté que sous caution et après lui avoir extorqué tout ce qu'on a pu lui prendre. Ces faits se reproduisaient de temps en temps et les tribunaux n'avaient pas la force nécessaire pour les réprimer. On ne saurait être surpris de voir, au xv⁰ siècle, le pouvoir public ainsi désarmé, alors que deux cents ans plus tard, les *Grands-Jours* nous révèlent l'impuissance des sièges royaux en face de certains coupables. Les officiers du roi étaient, à ce moment même, tenus à beaucoup de ménagements vis à vis d'un seigneur d'aussi grande importance que le sieur d'Albret. Les gens d'armes que celui-ci entretenait à Châlucet étaient, du reste, employés au besoin à divers services publics ; on les chargeait même de débarrasser le pays des malfaiteurs et des batteurs d'estrade (2). C'est ainsi qu'en 1435, sur l'aide de 5,000 livres votée par les Etats provinciaux, on avait alloué une gratification de 50 livres au capitaine de Châlucet, — c'était alors Tandonnet de Fumel — « pour despense par luy faicte pour avoir envoyé » ses gens poursuivre le bastard de Leaue et autres estradeurs » qui roubboyent et pilloyent le pays et pour luy ayder a entre-» tenir ses gens » (3).

Dans son intéressant Mémoire sur *la Vicomté de Limoges*, M. Cl. Simon fournit peu de renseignements sur Châlucet. Au xv⁰ siècle, la forteresse était en fort mauvais état. La seigneurie s'étendait sur onze paroisses : on ne comptait que six ou sept fiefs en dépendant : Eyjeaux, alors possédé par un Jaunhac ; Jourgniac, aux mains d'un membre de la même famille, à ce qu'il semble ;

(1) Arch. Hte-Vienne, Chapitre. 3025.
(2) A. Thomas, *Etats provinciaux du Centre de la France*, t. II, p. 69.
(3) *Ibid.*, t. II, p. 66, 67, 75, etc.

Le Buisson et La Rochette, paroisse de Boisseuil, tenus par un David de Vanteaux ; Saint-Hilaire-Bonneval, par un Faulcon ; Saint-Jean, paroisse de Saint-Jean-Ligoure, par un de Corgnac ; enfin Les Pousses, par une famille qui portait le nom de ce petit manoir (1). Ajoutons qu'en 1437 les décimes du bourg de Châlucet et des mas qui en dépendaient étaient accensés pour 107 setiers de blé : 35 de froment et 72 de seigle, à Etienne Mondau, de Châlucet, par l'abbaye de Solignac (2).

L'histoire de Châlucet, pendant la seconde moitié du xvᵉ siècle et la première du xviᵉ, ne paraît offrir aucun événement digne d'intérêt. En 1551, le nom de ce château est mentionné par un compilateur à l'occasion d'un forfait horrible dont un des auteurs principaux fut un prêtre de Châlucet, du nom de Bernardiéras, ou Bernardeiras. Le P. Bonaventure de Saint-Amable, dans son grand ouvrage sur Saint-Martial (3), et M. Marvaud, dans son *Histoire de la Vicomté de Limoges* (4), font allusion à ce crime ; mais c'est à tort qu'on désigne un seigneur de Châlucet comme en ayant été l'instigateur. Le dominicain Mathieu Bandello, qui fut évêque d'Agen et ambassadeur de François Iᵉʳ en Turquie, nous a laissé dans ses *Histoires tragiques*, le lamentable récit de cette affaire, dont aucun autre document contemporain n'a, croyons nous, parlé avec autant de détails. Nous nous bornerons à résumer les pages qu'il y a consacrées (5).

Un sieur de Saint-Jean-Ligoure, impliqué dans un procès de fausse monnaie, ayant vu son beau-père emprisonné au « Châtelet » d'Angoulême, et redoutant les révélations de sa propre femme et de ses enfants, s'ouvrit de ses inquiétudes à un prêtre « autant detestable comme sa vie fist depuis aparoir ». Celui-ci ne trouva pas de meilleur remède à proposer au malheureux, que le massacre de tous les siens. — Ne vaut-il pas mieux, lui dit-il, que « vostre femme, enfans et chambrières meurent inno- » cens, que si, vous accusans, ils ont l'ame souillée de trahison ? » — Le seigneur perdit la tête, écouta les conseils de ce scélérat

(1) CL. SIMON. *La Vicomté de Limoges*, p. 112, 113, 114.
(2) Arch. Haute-Vienne, fonds de Solignac, 6344.
(3) *Histoire de Saint-Martial*, 3ᵉ partie : *Annales*, p. 775.
(4) Tome II, p. 161 et 162.
(5) *Histoires Tragiques*, t. VI, p. 371 et suiv. (Loiselet, Rouen, 1604) : *Acte cruel du sieur de Saint-Jean-Ligoure, gentilhomme Limosin, faisant occir (sic) sa femme et toute sa famille et bruslant son chasteau, transporté de desespoir et de furie, et quelle fust sa fin.*

et acquiesça à l'exécution de son abominable dessein. Le prêtre
et un domestique affidé pénétrèrent un soir dans le château de
ce gentilhomme, tuèrent ses enfants sous les yeux de leur mère,
firent ensuite subir à celle-ci le même sort, puis massacrèrent tout
ce qui se trouvait dans la maison. Avant de quitter le théâtre
du crime, ils allumèrent un incendie qui brûla une partie du
manoir.

Mais un petit domestique avait échappé à cette tuerie. L'incendie n'atteignit pas la cachette où il s'était réfugié. Une voix
put donc accuser les assassins dont le crime avait été dénoncé
par les blessures des victimes; car l'incendie n'avait pas entièrement consumé leurs corps. On arrêta Bernardiéras et son complice, « et furent ces galans mis sur la roue », comme « les registres du greffe de Limoges en donnent assurance, ou ces meurtriers
furent despechez ».

Le sieur de Saint-Jean-Ligoure, qui, durant l'affreuse tra-
gédie, s'était tenu sur un côteau voisin, et avait, d'un œil hagard,
vu les flammes dévorer son château, réussit à se dérober aux
poursuites et se réfugia en Suisse. Le roi demanda son extradition.
Les magistrats de Berne, où il résidait, envoyèrent à Limoges
un homme « sage et de bonne conscience » pour procéder à une
enquête. Les faits qu'attesta le rapport de ce personnage causèrent
une telle horreur aux Bernois que, ne voulant pas livrer leur
hôte au roi de France, ils crurent néanmoins devoir punir un
aussi odieux forfait. On fit le procès du sieur de Saint-Jean; il fut
condamné à mort et subit le dernier supplice.

Il est possible que plusieurs détails de cette histoire soient de
pure imagination; mais le fond est réel. Bandello l'atteste ex-
pressément (1). Il dit s'être trouvé à Limoges le jour de l'exécution de Bernardiéras; il ajoute qu'il a vu lui-même l'envoyé des
magistrats de Berne. Le P. Bonaventure raconte les faits d'une
façon un peu différente. Notons que, d'après lui, le crime aurait
été commis le 6 décembre 1551 et qu'il place au 31 mars 1552
l'exécution de Bernardiéras. Celui-ci prétendit n'avoir participé
à ce carnage que sur les menaces du seigneur: il fut, dit l'his-
torien de Saint-Martial, conduit au supplice sur un tombereau,

---

(1) Bandello raconte ailleurs, accommodée à sa façon, la légende de la
Tour-du-Lion, au château de Rochechouart, sous ce titre : *D'une dame,
laquelle, faussement accusée d'adultère, fust mise et exposée en pasture
aux lions, et comme elle fust deslivrée, et comme son innocence con-
gnèue, l'accusateur porta et sentit la peine préparée pour la dame.* Histoires Tragiques, t. 1, p. 189 (Lyon : Rollet, 1578).

et promené par les principales rues de la ville. Il était en chemise, tête nue, nu-pieds, et, à côté de lui, on voyait, dans la charrette, un mannequin à l'image de son complice. Le misérable fut « tenaillé par les carrefours », puis « coupé vif à quatre quartiers ». Enfin on trancha la tête au cadavre ainsi qu'au mannequin, et on les jeta ensemble sur un bûcher (1).

Une des branches de la famille d'Albret, celle des sieurs d'Orval, détenait la forteresse de Châlucet et les autres châteaux vendus jadis au roi par les héritiers de Gérald de Maulmont. Un procès s'était élevé à ce sujet. Le Parlement de Bordeaux adjugea, le 16 novembre 1514, toutes ces forteresses à Alain d'Albret, chef de la branche principale de la famille, à la charge par lui de payer au seigneur d'Orval une somme de 5,944 livres 4 s. 1 d. tournois (2). Ainsi furent réunies dans les mêmes mains la seigneurie de Châlucet et la vicomté de Limoges.

LA BARONNIE DE CHALUCET. — REVENUS ET CHARGES. — LE CHATEAU, OCCUPÉ PAR LES PROTESTANTS, EST ASSIÉGÉ PAR LES BOURGEOIS DE LIMOGES ET DÉMANTELÉ.

Plusieurs notes ou mémoires de la première moitié du xvie siècle, ayant trait à la seigneurie de Châlucet et à ses revenus, nous donnent, de cette baronnie, un tableau assez complet. Elle ne s'étendait pas sur moins de onze paroisses : Le Vigen, Saint-Maurice-les-Brousses, Boisseuil, Saint-Hilaire-Bonneval, Eyjeaux, Château-Chervix, Saint-Jean-Ligoure, Saint-Priest-Ligoure, Feytiat, Jourgnac et Solignac, et sur une longueur de quatre lieues, mais ne renfermait qu'un seul bourg : Saint-Maurice; il en dépendait une belle forêt, située près de Château-Chervix, et d'environ trois lieues de tour, avec « bestes noires et rousses dedans ». Les bois étaient de haute futaie. Le *Bos-Vieil* et la garenne de Châlucet, de beaucoup moins d'importance, et un pré, dit La Prade, sont également mentionnés dans plusieurs mémoires (3). A la date du mois de mars 1535, les redevances ordinaires, outre 61 livres 10 sous 11 deniers d'argent, se composaient

(1) *Hist. de Saint-Martial*, 3e partie, p. 775.
(2) Arch. des Basses-Pyrénées, B 1780 et E 714.
(3) Archives des Basses-Pyrénées, B 1780 et E 714. (Copies de M. Aug. Bosvieux, aux Arch. de la Haute-Vienne.)

le 168 setiers et demi de froment, 251 setiers et demi de seigle, 90 setiers d'avoine, 6 chapons et 78 gélines. Il faut y ajouter les « revenus muables: » la prévôté, dont le produit était évalué à 12 livres; le greffe, 12 livres; le pré, 15 livres; l'herbage et glandée pour le Bos-Vieil, 100 sous tournois; pour la Garenne, 60 sols; la forêt de Chervix, 60 livres (elle en avait donné 200); les guets et charrois, 40 livres; les lods et ventes, 25; les amendes, 15 (1).

Si l'on tient compte des indications qui accompagnent ce relevé, on voit que le revenu total de la seigneurie de Châlucet ne dépassait pas à cette époque 580 à 590 livres, qui vaudraient de 4,500 à 4,800 francs de nos jours.

Les habitants des terres relevant de Châlucet avaient donné à Henri d'Albret quatre cents livres pour l'aider à payer sa rançon, après Pavie (2).

Les charges ordinaires n'étaient pas considérables : le capitaine de Châlucet prenait les guets et charrois, soit 40 livres; c'était la plus grosse part. Le juge touchait cent sous tournois; le procureur quarante; le receveur jouissait sans doute de remises proportionnelles (3).

Les trois seigneuries de Châlus, Courbefy et Châlucet avaient été affermées, depuis 1514, de 2,100 à 2,500 livres par an. Celle de Châlucet ne figurait dans cette somme que pour une fort modeste part, puisqu'on la voit, pendant le cours de ces fermes, réaccensée à des sous-fermiers pour le prix de 393 livres 6 sols 8 deniers. Il n'en dépendait du reste, à cette époque, qu'un petit nombre de fiefs nobles, et trois gentilshommes du pays seulement devaient encore hommage au seigneur de Châlucet: « le sieur de Jornhac à cause » de son repaire de Longequeue, le sieur de La Bastide à cause » de la tour appelée Peyzac, et le sieur de Las Tours, à cause » de Las Pousses, de Fousimbert, La Tricarie et l'Eyrauldie (4) ». Eyjeaux et d'autres fiefs avaient sans doute été vendus.

L'histoire du château de Châlucet paraissait terminée. La vieille forteresse, à peu près abandonnée, tombait en ruines, et après avoir été longtemps, pour toute la contrée, un objet de ter-

---

(1) *Etat de la situation des trois seigneuries de Châlus, Courbefy, Châlucet*, mars 1535. (Arch. des Basses-Pyrénées, B 1780.)

(2) *Ibid.*

(3) *Ibid.*

(4) *Ibid.* — Longequeue (commune de St-Jean-Ligoure); La Triquerie (commune de St-Maurice); Fousimbert, Leyraud et Les Pousses (même commune); Peyzac serait-il Pazat (commune de Solignac)?

reur, n'excitait plus que la curiosité, lorsque les guerres de religion vinrent lui rendre une importance qu'elle semblait avoir pour jamais perdue. En 1574, Jacques de Maulmont, seigneur de St-Vitte (1), s'y jeta avec une poignée de gens armés et s'y fortifia si bien qu'il y put demeurer trois années en paix, inquiétant le voisinage et courant le pays. Nos *Annales manuscrites* nous le montrent détroussant les passants (2) et le P. Bonaventure de de Saint-Amable traite ce seigneur et ses hommes de gens « sans foi ni loi, » de « pillards » et de « voleurs (3) ». Nous n'avons aucune raison de révoquer en doute les exploits de cette compagnie; mais nous devons faire remarquer que les consuls de Limoges ne se décidèrent, d'après le P. Bonaventure lui-même, à faire marcher des troupes contre Châlucet, qu'à la nouvelle « d'assemblées et monopoles » tenus dans ces parages par les Huguenots. A ce moment, au surplus, les bourgeois avaient assez à faire de garder leur ville et ne devaient guère se soucier d'entreprendre une expédition au dehors.

Le trouble était grand alors dans la province. Le seigneur de Saint-Vitte l'augmentait par ses courses et ses démonstrations. Les bourgeois de Saint-Léonard venaient, sous les ordres d'un énergique chanoine du nom de Gay, de chasser la garnison protestante qui leur avait été imposée par le gouverneur, dont l'attitude inspirait des craintes à tous les gens de bien. Une partie de cette garnison s'était jointe aux gens de Châlucet. Un brave capitaine de la milice de Limoges, Pierre de La Roche dit Vouzelle, fut chargé de battre la campagne à la tête de deux cents hommes pour empêcher les allées et venues des huguenots, effrayer la garnison de Châlucet et la contraindre à se tenir derrière ses murailles.

A Boisseuil, un soir, les gens de Vouzelle rencontrèrent un gentilhomme huguenot, le seigneur de Beaupré, qui se rendait à Châlucet, lieu de rendez-vous assigné aux réformés de la contrée, peut-être en vue de la reprise prochaine des hostilités. Assailli à l'improviste, Beaupré n'eut que le temps de se jeter, avec quelques compagnons, dans l'église du bourg. Il se posta dans les combles et y passa la nuit. A la pointe du jour, voyant qu'un

(1) On disait autrefois *Saint-Vic* ou *Saint—Victe*.
(2) p. 357.
(3) *Histoire de Saint-Martial*, t. III, p. 795.

détachement de soldats appelé de Limoges venait renforcer la troupe qui entourait son refuge, il prit une résolution désespérée, et faisant ouvrir tout à coup la porte de l'église, il se précipita, l'épée à la main, sur les miliciens bourgeois; ceux-ci, surpris, firent peu de résistance. Beaupré put se dégager et rentrer dans Châlucet, emmenant avec lui un prisonnier, le capitaine Galli-chier (1), qui appartenait à une famille bien connue de la ville.

Cet incident n'était pas de nature à encourager les bourgeois de Limoges. Toutefois comme on apprit, sur ces entrefaites, que le vicomte de Pompadour s'était saisi, dans son propre châ-teau, de la personne de Jacques de Maulmont, une expédition décisive contre Châlucet fut résolue. Vouzelle en eut la direction. A la milice placée sous ses ordres devaient se joindre des contin-gents fournis par la ville de Saint-Léonard, Solignac et Eymou-tiers (2). Le 14 octobre 1577, « les troupes de Limoges, tant à pied » qu'à cheval, partirent, enseignes déployées et d'abord gagnè-» rent les maisons voisines du fort, et se mirent en état de planter » le siège, quoique ceux du château fissent grand feu et jetassent de » grosses pierres sur les assiégeans ». Les habitants de Solignac gar-daient les avenues de la forteresse ; le sieur de Fraisseix, avec « une compagnie de gens de pied et des communes du pays », entoura Châlucet d'un cordon de troupes. Pendant ce temps, Vouzelle parcourait les environs à la tête de ses deux cents chevaux, « visi-» tant souvent le corps de garde, où quelques-uns du parti contraire « les venoient reconnoître, mais ne les osoient attaquer ». Sommée de se rendre, la garnison refusa, comptant être promptement délivrée ; puis elle se décida à parlementer, et s'engagea à quitter la forteresse au bout de deux jours, si dans l'intervalle elle n'était secourue. De part et d'autre on donna des ôtages. Le 19 octobre (3), date fixée pour la remise du château, celui-ci fut évacué. Il en sortit plus de soixante soldats, sans parler des familles de réformés qui devaient s'y être réfugiées. La garnison était commandée par le capitaine Plaix et le sergent Latour. Elle fut conduite à deux lieues de Châlucet par les troupes de Limoges, et là, renvoyée vie et bagues sauves. Puis la forteresse fut démantelée et rendue inhabitable (4).

(1) *Hist. de Saint-Martial,* t. III, p. 795 à 799.

(2) Cette expédition rappelle celle organisée par l'évêque Aymeric de Serre, en 1269, avec le concours des communes.

(3) « Le samedi, dix-neuf avril », dit le P. Bonaventure de Saint-Amable.

(4) Les *Annales manuscrites* nous apprennent peu de chose sur la prise de Châlucet. C'est surtout au P. Bonaventure de Saint-Amable que nous devons les détails rapportés ci-dessus.

Cette expédition de six jours coûta fort cher aux habitants de Limoges, qui levèrent une taxe spéciale pour en payer les frais. Sur le registre du Consulat, à la suite des noms des magistrats en charge pendant l'année 1577, on lit cette mention, d'une écriture postérieure à celle du reste de la page :

« Memoire que les consuls de la presante année ont cothisé et » levé l'argent de Chalucet.

» *Requiescant in pace!* (1) ».

DESTRUCTION DÉFINITIVE DE LA FORTERESSE. — LA SEIGNEURIE DE CHALUCET PASSE DANS LA FAMILLE DE VERTHAMONT

La Ligue compta un grand nombre d'adhérents dans la province. Ses partisans purent néanmoins être contenus par les seigneurs et les villes dévoués au roi.

Mais le Limousin fut entièrement bouleversé ; le comte de Pompadour, chef des Ligueurs, battit plusieurs fois le gouverneur et ses adhérents assiégèrent plusieurs villes royalistes.

Les consuls de Limoges, qui craignaient une surprise et qui avaient fait abattre une partie des murs de la Cité pour empêcher les Ligueurs de s'y loger, furent informés, le 1er janvier 1593, qu'à plusieurs reprises, pendant le mois de décembre, des hommes à pied et des cavaliers avaient été vus aux environs de Châlucet ; ils semblaient reconnaître la place et étudier ses abords. On y envoya immédiatement, accompagnés d'une bonne escorte, un maître charpentier et un maître maçon de la ville, avec mission d'examiner les ruines et de faire leur rapport au retour : ceux-ci déclarèrent qu' « il y avoit encores quatre tours et le dongeon et » la plus part des murailles qui estoient bonnes, et que, dans peu » de jours, veu la situation du lieu, s'y pourroient loger a cou- » vert plusieurs ennemys, apres avoir faict quelque peu de » reparations ».

Le 3 janvier, le capitaine Lauvige, habitant de Solignac,

(1) Registre consulaire B, fol. 433 recto. — Les consuls élus le 7 décembre 1576 étaient Audoin Maledent, Michel Verthamon, receveur-particulier, Guillaume Verthamon, receveur-général, Pierre de La Roche, dit Vouzelle, Grégoire Baud, Jean de Lapine, conseiller, Jean Lavandier, Joseph Blan- .chard, Gabriel Albiac, Jacques David, Aymeric Guybert, avocat pour le roi au siége sénéchal, et Jean Disnematin dit « le Dourat ».

examina à son tour, à la demande des consuls, les restes du château. Il confirma les renseignements donnés la veille et assura
que vingt ou trente ouvriers feraient, en sept ou huit jours,
de Châlucet « une des plus fortes places de toute la province, et
» que peu de gens pourraient garder ».

Une assemblée générale des bourgeois du Château de Limoges
fut convoquée pour le lendemain. Les consuls exposèrent la gra-
vité de la situation, les mauvais desseins des ennemis du roi, la
menace perpétuelle de Châlucet. La démolition de la vieille forteresse fut résolue à l'unanimité, en présence du lieutenant par-
ticulier Lamy et des autres officiers royaux. On s'occupa sans
perdre un instant des moyens d'exécution et les paroisses voisines
reçurent l'ordre de fournir des ouvriers pour aider les Limogeauds.

Le 5, quatre-vingts à cent soldats de la milice bourgeoise,
commandés par un capitaine, arrivaient à Châlucet; ils étaient
accompagnés des archers du vice-sénéchal et d'un certain nombre de volontaires. Mathieu du Mas et François de Rancon, les
mêmes qui, deux jours auparavant, avaient été chargés par les
consuls de constater l'état des ruines, les suivaient avec leurs
ouvriers, auxquels se réunirent un grand nombre d'habitants des
paroisses dont le concours avait été réclamé. Ils s'étaient munis
de tous les outils nécessaires. On se mit au travail, et, au bout de
quatre jours, on avait fait de Châlucet la ruine que nous voyons
aujourd'hui (1). — En 1660, d'après Collin, les habitants de Limoges achevèrent de rendre inhabitable Courbefy, qui servait encore,
à cette époque, de repaire à des bandits.

La seigneurie de Châlucet semble avoir été aliénée peu de
temps avant la réunion de la vicomté de Limoges à la Couronne.
L'abbé Nadaud mentionne un acte de l'année 1600, dans lequel il
est parlé de « Madame, sœur unique du roi, seigneur de Châlucet (2) ». Ce dernier titre paraît s'appliquer au roi et non à sa
sœur; mais il n'y aurait rien d'étonnant à ce que la vieille forteresse, avec sa châtellenie et les droits en dépendant, eût été
donnée, en même temps que la vicomté de Limoges, à Cathe-
rine de Bourbon, sœur de Henri IV, mariée en 1599 à Henri,
duc de Lorraine et de Bar, et morte sans postérité, le 13 février 1604.
Peut-être même cette vicomté, dont l'érection en marquisat par

(1) *Registres consulaires de Limoges*, vol. III, p. 34 et 35.
(2) Nadaud, p. 38 du t. VI, désigné sous le titre inexact de *Table alpha-
bétique des Mémoires*.

Charles IX paraît avoir été bientôt oubliée (1), fut-elle, entre
1590 et 1600, érigée en comté pour cette princesse, car deux ou
trois titres des Archives de la Haute-Vienne donnent à la duchesse de Bar le titre de « duchesse d'Albret et comtesse de
Limoges (2) ». Il faut vraisemblablement placer à une date comprise entre le 13 février 1604 et l'an 1607, la vente de Châlucet.

Depuis près de trois siècles, le monastère n'exerçait plus aucun
droit réel sur la forteresse de Châlucet et ses dépendances. L'abbé
de Solignac, qui avait bonne mémoire, s'intitulait encore seigneur de Châlucet en 1692. Mais ce titre ne tirait pas à conséquence; car dès longtemps l'abbaye ne possédait plus que des
redevances insignifiantes sur la pointe de rocher où Bernard
de Jaunhac et Arnaud Bernard avaient, en 1132, donné asile à
l'évêque Eustorge.

Une des plus illustres familles de robe de la région, les Verthamont, que nous croyons sortie de la même souche qu'une
famille du même nom de la Boucherie de Limoges, très connue
aux xve et xvie siècles (3), acquit la seigneurie de Châlucet, nous
ignorons dans quelles circonstances et de quelle façon. Peut être
le premier qui l'obtint fut-il Jean-Baptiste, général des Finances
en Guyenne, « député » par Henri IV, après son accession au trône,
« pour la vérification et restauration de l'ancien domaine de Na-
» varre et la réception des hommages à lui dus », ou bien Guillaume, président en l'Élection de Limoges (4). Dans plusieurs
actes dont les dates sont comprises entre 1650 et 1660, entr'autres
dans le procès verbal d'une élection d'officiers de la milice bour-

(1) Nous ne connaissons qu'un seul document où Antoine de Bourbon
prenne le titre de marquis de Limoges. Il est consigné au vol. II, p. 240,
des *Registres consulaires de Limoges*, et porte la date du 25 juin 1562. On
remarquera que, lors de la constitution de l'apanage du comte d'Artois,
en 1774, il est parlé du « comté et vicomté » de Limoges.

(2) A un titre du 5 juillet 1604 entre autres (liasse 8548). Notons qu'un
acte relatif aux marchands d'Aixe et de Solignac, conservé aux archives de
l'hôpital et daté du 16 février 1601, donne seulement le titre de vicomtesse
à la sœur du roi. Une mention de 1602 (répertoire des titres de l'hôpital
de Limoges, 1764), la qualifie de vicomtesse du Limousin.

(3) Ce fait pourrait expliquer le silence complet gardé sur les origines
de cette famille et sur son histoire avant le xvie siècle, par le *Nobiliaire
de Guyenne et Gascogne*, et après celui-ci par le *Nobiliaire de la généralité de Limoges*. — On trouve Jean de *Vertamo*, témoin à un acte en 1318
(Arch. de la Haute-Vienne, liasse 8088).

(4) NADAUD, *Nobiliaire de la généralité de Limoges*, publié par M. l'abbé
A. Leclcr, t. IV, p. 635.

geoise, Guillaume Verthamont, conseiller du roi, trésorier géné-
néral de France en la généralité de Limoges, receveur des
décimes, est qualifié de seigneur de Châlucet (1). Cette seigneurie
passa ensuite, d'après le *Nobiliaire*, à François Michel de Verthamont, seigneur de la Ville-aux-Clercs, conseiller au Parlement
de Paris, lequel la vendit, en 1683, à son frère Guillaume, trésorier de France à Limoges : celui-ci prend, à plusieurs actes, le
titre de baron de Châlucet. Après lui, son fils Martial, son petit
fils, Martial-François, et le fils aîné de ce dernier, Jean-Baptiste-
Maurice-Martial, tous conseillers ou présidents au Parlement
de Bordeaux, portèrent le même titre (2). Le dernier mourut
sans enfants en 1809 : avec lui s'est éteint le titre de baron de
Châlucet. — De nos jours on a vu les propriétaires des ruines ac-
coler quelquefois à leur nom celui du château.

Au XVIIᵉ siècle, on trouve peu de renseignements sur la seigneurie de Châlucet et son importance. Toutefois, un document
assez curieux, que possède la Bibliothèque de Limoges, fournit
quelques indications sur la « paroisse » de Châlucet de 1680 a
1686 ; imposée pour les tailles, à la première de ces dates, à
368 livres ; en 1684, à 430; en 1686, à 380, elle produisait du vin,
du froment et du seigle; on y comptait de neuf à dix bœufs
et quelques vaches (3).

Avec la Révolution, l'histoire des châteaux est terminée. Depuis
la fin du siècle dernier, on n'entend plus parler de Châlucet, et ce
nom, mêlé autrefois à tous les événements dont la province
a été le théâtre, ne se trouve plus mentionné que dans les livres
d'archéologie. Les ruines du vieux château s'élèvent, tristes,
solitaires, oubliées, sur la colline où il n'existe plus aujourd'hui
une seule habitation. Les paysans des environs prennent, dans
cette inépuisable carrière, des matériaux pour construire leurs
granges, leurs maisons, leurs murs de clôture : pacifiquement,
peu à peu, ils achèvent l'œuvre de la guerre et du temps. Ainsi
disparaîtront les restes de la vieille forteresse. Le cri des oiseaux

(1) *Registres consulaires* (Archives communales de Limoges).
(2) *Nobiliaire*, t. IV, p. 638 à 642. Les derniers barons de Châlucet
affermaient, de la famille Blondeau de Combas, les dîmes de Meuzac. On
trouve aux Archives de la Haute-Vienne (Titres de Familles et Seigneuries
diverses), une lettre adressée, au sujet de ces dîmes, par « Maurice-Martial
de Verthamon de Châlucet » au directoire du district de Limoges, en mars
1792.
(3) *Estat des paroisses de l'élection de Limoges*, manuscrit.

de proie qui ont leur retraite dans les tours, trouble seul, par instants, le silence qui règne dans le vieux manoir abandonné. De temps en temps un passant, artiste, poète ou penseur, vient interroger ces imposants débris, leur demander les secrets des âges héroïques et y respirer un moment le parfum des temps passés. Mais chaque jour ces murs perdent quelque chose de leur charme pittoresque, de leur âpre majesté.

Depuis une trentaine d'années, les dégradations sont plus profondes et plus sensibles. Beaucoup de murs qui avaient tenu bon commencent à fléchir. Les eaux ont entièrement pénétré la maçonnerie; leur action lente et prolongée a achevé de délayer le mortier et de disjoindre les pierres. Emus de l'état où se trouvaient ces belles ruines, des indices faisant prévoir leur prochaine et irrémédiable destruction, et aussi d'un bruit d'après lequel des ouvriers avaient fait tomber une muraille du château pour se procurer des matériaux nécessaires à l'édification d'une grange, quelques membres du Conseil général de la Haute-Vienne avaient, en 1859, appelé l'attention de l'assemblée départementale sur le grand intérêt archéologique et historique qui s'attache à la conservation des restes de la vieille forteresse. Le Conseil goûta les observations qui lui furent soumises à cet égard et émit le vœu suivant :

« Le Conseil général, informé que des dégradations continuelles se commettent aux ruines de Châlusset, verrait avec plaisir qu'il fût employé des moyens pour en assurer la conservation, dans l'intérêt des souvenirs historiques qui s'y rattachent. Il prie M. le Préfet d'entrer en pourparlers avec le propriétaire de ce vieux monument, et de s'entendre avec lui pour assurer au département la conservation de ces nobles débris (1) ».

Le Préfet se conforma au désir du Conseil et proposa à M. le docteur Thézillat, propriétaire des ruines, de les céder au Département; mais M. Thézillat déclara « qu'il ne consentirait pour aucun prix à s'en dessaisir ». Le Préfet informa le Conseil que ses démarches n'avaient abouti à aucun résultat. — « Je pense toutefois, ajoutait cet administrateur en rendant compte à l'assemblée départementale de cette tentative infructueuse (2), que le propriétaire, dans l'intérêt de l'art et des souvenirs qui se rattachent à une époque disparue, ne voudra pas, — il me l'a fait espérer d'ailleurs, — que ces débris soient totalement dispersés

(1) *Procès-verbaux des séances du Conseil général.* Année 1859, p. 242.

(2) *Rapport du Préfet.* Session du Conseil de 1860, p. 173.

» et qu'il prendra des mesures pour en assurer, dans la limite du
» possible, la conservation et la durée ».

Le Conseil remercia le Préfet, en manifestant le regret que
sa démarche n'eût pas abouti (1).

En 1841, les ruines de Châlucet furent, sur les indications de
M. Boullée, alors architecte de la Préfecture, inscrites sur la
liste des édifices dont on demandait au Ministère le classement
au nombre des monuments historiques : elles étaient, avec le
château de Rochechouart, les seuls spécimens d'architecture
civile qu'on eût fait figurer à ce relevé. La Société archéologique et historique du Limousin, à son tour, dans les propositions
qu'elle a été appelée à fournir pour le même objet en 1874, les a
comprises en première ligne dans le catalogue des restes dignes
à tous égards de fixer l'attention et d'appeler la sollicitude du
Gouvernement (2). Nous sommes forcé d'avouer que nous ignorons tout-à-fait si, à l'heure actuelle, Châlucet est, ou non, classé
parmi les monuments historiques auxquels sont réservées les
libéralités du budget de l'État. Aucune mesure n'a été prise
pour arrêter les dégradations du temps et celles qu'y ajoutent chaque jour les hommes. Il faut, sans nul doute, abandonner toute
idée de restauration de ces intéressants débris (3) ; mais il serait
possible, croyons-nous, de retarder leur complète destruction.
Nous n'en demandons pas davantage pour notre part et nous
souhaitons que ce vœu modeste soit entendu.

(1) *Procès-verbaux des séances du Conseil général*. Année 1860,
p. 233.
(2) Rapport présenté par M. L. Guibert au nom de la Commission des
Monuments Historiques (*Bull. de la Société archéologique*, t. XXII, p. 165).
(3) Nous devons dire, toutefois, qu'un projet de restauration a été étu-
dié il y a peu d'années par M. Bonnet, ingénieur des Ponts et Chaussées.

OUVRAGES DU MÊME AUTEUR :

Le Château de Châlucet. — Limoges, Sourilas-Ardillier, 1863 (2ᵉ édit. revue et augmentée, 1871).

Cruciflxa. — Paris, Dentu, 1863.

Rimes franches. — Paris, Librairie centrale, 1864.

Dolentia. — Paris, Librairie centrale, 1865.

Légendes du Limousin. — Paris et Tournai, Casterman, 1865.

Limoges et le Limousin. — Paris et Tournai, Casterman, 1868 et 1875.

Quelques notes sur la surveillance légale, lettre à un député. — Paris, F. Henry, 1870.

Les Employés de Préfecture. — Paris, F. Henry, 1870.

L'Assemblée du 8 février et la Loi électorale. — Lyon, Josserand, 1871.

Un Journaliste Girondin. — Limoges, Sourilas-Ardillier, 1871.

De la Grève, du Travail et du Capital, conférence faite à une Association ouvrière de Lyon, le 30 mai 1870 (extrait de la *Décentralisation*). — Lyon, Josserand, 1871.

Questions électorales. — Paris, E. Lachaud, 1871.

Notes de Voyage (Mauvais jours, Ex intimo, Poésies diverses). — Paris, E. Lachaud, 1872.

La Crise des subsistances et les emprunts de la période révolutionnaire à Limoges (extrait de l'*Almanach limousin*). — Limoges, Vᵉ Ducourtieux, 1873.

Monuments historiques de la Haute-Vienne, rapport de la Commission de la Société archéologique et historique du Limousin (extrait du *Bulletin* de cette Société). — Limoges, Chapoulaud frères, 1874.

Assurances sur la Vie, notions pratiques. — Limoges, Vʳ Ducourtieux, 1876.

Une page de l'histoire du Clergé français au XVIIIᵉ siècle. Destruction de l'ordre et de l'abbaye de Grandmont. — Paris, librairie Champion, et Limoges, librairie Vᵉ Ducourtieux, 1877.

Rimes couleur du temps. — Paris, Dentu, 1877.

Sceaux et armes de l'Hôtel-de-Ville de Limoges. Sceaux et armes des villes, églises, cours, etc., des trois départements limousins. — Limoges, Vᵉ Ducourtieux, 1878.

Le Parti Girondin dans le département de la Haute-Vienne (extrait de la *Revue Historique*). — Paris, 1878.

Les Pénitents (extrait de l'*Almanach limousin*). — Limoges, Vᵉ Ducourtieux, 1879.

Les Confréries de Pénitents en France et notamment dans le diocèse de Limoges. — Limoges, Vᵉ Ducourtieux, 1879.

Coutumes singulières de quelques confréries et de quelques églises du diocèse de Limoges. — Limoges, Chapoulaud frères, 1879.

Anciens registres des paroisses de Limoges. — Limoges, Chapoulaud frères, 1881.

France! chants, poèmes et paysages (avec MM. G. David, A. Hervo, P. Mieussel et A. Tailhand). — Paris, P. Ollendorff, 1881.

Les Hôtels-de-Ville de Limoges (extrait de l'Almanach limousin). — Limoges. Vᵉ Ducourtieux, 1882.

Le Livre de raison d'Étienne Benoist (1426). — Limoges, Vᵉ Ducourtieux, 1882.

L'Orfévrerie limousine au milieu du xvⁱⁱᵉ siècle (extrait du journal l'Art.) Paris, 1882.

Les Dettes de la ville de Limoges et le Conseil municipal. — Limoges A. Ussel et G. Tarnaud, 1882.

L'Eau de ma Cave, deuxième lettre à la municipalité et au Conseil municipal. — Limoges, A. Ussel et G. Tarnaud, 1882.

Le Tombeau de Guillaume de Chanac, à Saint-Martial de Limoges. — Tulle, Crauffon, 1883.

La Famille limousine d'autrefois, d'après les testaments et la Coutume — Limoges, librairies Vᵉ Ducourtieux et Leblanc, 1883.

Quelques notes extraites du Cartulaire d'Aureil. — Tulle, Crauffon, 1883.

Les Corporations de métiers en Limousin et spécialement à Limoges. (extrait de la Réforme sociale). — Paris, 1883.

Le Prédicateur Menauld (extrait de l'Almanach limousin). — Limoges Vᵉ Ducourtieux, 1884.

Les Confréries de dévotion et de charité et les œuvres laïques d bienfaisance à Limoges, avant le xvᵉ siècle (extrait du Cabinet Historique). — Paris, Champion, 1883.

Commentaires d'Étienne Guibert sur la Coutume de Limoges (1628) ave une note sur les différents textes de cette Coutume. — Limoges, Sociét générale de papeterie, 1884.

Le Bénédictin Dom Col en Limousin. — Limoges, Vᵉ Ducourtieux, 188

La Ligue à Limoges (1589). — Limoges, Vᵉ Ducourtieux, 1884.

Journal du Consul Lafosse (1649). — Limoges, Vᵉ Ducourtieux, 1884.

Registres Consulaires de la ville de Limoges, second registre 1592-166 publié sous les auspices de la Société archéologique et historique d Limousin : publication commencée par M. Émile Ruben, secrétai général de cette Société et continuée par M. L. Guibert, vice-présiden — Société générale de papeterie, 1884.

L'Orfévrerie et les Orfévres de Limoges. — Limoges, Vᵉ Ducourtieu 1885.

La Corporation Limousine : ses caractères, son rôle, phases principales son histoire. Rapport présenté au Congrès des œuvres catholiques tenu Limoges (août-septembre 1885). — Extrait de La Controverse et le Cor temporain. — Limoges, Vᵉ Ducourtieux, 1885.

Les Emigrés Limousins à Quiberon. — Limoges, Vᵉ Ducourtieux, 1885.

Le Limoges d'autrefois, sa physionomie, ses habitants, ses mœurs, s institutions. — Limoges, Vᵉ Ducourtieux, 1886.

Les Foires et Marchés limousins aux xiiⁱᵉ et xivᵉ siècles (extrait. l'Almanach limousin. — Limoges, Vᵉ Ducourtieux, 1886.

Limoges. — Imp. Vᵉ H. Ducourtieux, 7, rue des Arènes.